JN064667

中尾隆一郎

業績を
最大化させる

# 現場が動くマネジメント

フォレスト出版

# はじめに

この本を手に取っていただき、ありがとうございます。
突然ですが、２つ質問をさせてください。

**質問①　あなたは、会社で働くのは「楽しい」ですか？**

**質問②　あなたが会社のリーダーや経営者であれば、あなたの組織のメンバーは「楽しい」と思って働いていますか？**

これらの質問に対して、会社で働くのは大変なものだ、「楽しい」なんて甘いことを言っていたらダメだ。そう思っている人が多いように私は感じています。

しかし、あなたにとっても、一緒に働く仲間にとっても、働いている時間が「楽しい」ほうがいいですよね。

**人は、自分がやることを自分で決めることができると「幸せ」を感じます。これは心理学者のカール・ロジャースの言葉です。**

**逆に自分がやることをすべて人に決められると「幸せ」ではなくなります。**

キーワードは**「自律自転」**。

つまり、自分でやることを決めて、自分で動くということです。

この本は、現場で働くのが楽しくなるための技術をまとめた本です。

働くのが楽しい人と組織が多くなると業績が向上します。そして、その楽しく業績を挙げている人と組織をもとに、事業の方向を変化させ続ける。すると、さらに業績が向上します。そうすると現場のメンバーは自分たちの声が事業をよい方向に変えていると感じ、さらにやりがいを感じ、働くのが楽しくなる。

こんな好循環が起き続けるのです。

「自律自転」あるいは会社で働くのを「楽しくする」に興味がある方は、ぜひ手に取って読んでください

## リクルート時代に味わった「会社に行くのがつらい」という体験

私がリクルートに入社したのは、バブル景気真っ只中（ただなか）の１９８９年でした。前年にリクルート事件があったにもかかわらず、８４８名の同期と入社しました。

入社当初、通信事業の技術職として配属されたのですが、２年目には、全社の営業シフト（営業できそうな人は営業に異動）の流れで、企業の新卒採用を支援する求人情報誌の広告営業職に異動になりました。

技術職から営業職。１８０度の方向転換ではあったものの、よい成績をあげることができ、３年目には、リーダーに昇進しました。

しかし、このタイミングの１９９２年ごろから、（後から考えると）バブル景気が崩壊し始めていたのです。

バブル崩壊とともに、企業の新卒採用意欲は一気に低下していきます。そうなると企業が新卒学生の求人数を減らすのは当たり前。極端なケースでは、新卒採用を凍結するのです。当然、私たちが営業していた大学生の求人活動の広告はストップになります。

その結果、ある会社から受注しても、それと同額、あるいはそれ以上のキャンセル連絡が別の企業から来ます。これがバブル崩壊時のリクルートの新卒採用を支援する部署の営業活動の実態でした。

そこから数年は、辛い日々を過ごしました。

本格的にバブルが崩壊しました。業績は簡単に上がりません。

日本中が厳しい状況でした。

リクルートは、子会社の不動産会社とリース会社の借金1兆数千億円を肩代わりしました。その後、そんな借金のあるリクルートをダイエー創業者の中内さんが株を購入し、支援をしてくれたのです。

そのおかげで、リクルートは何とか持ちこたえることができました。

当時、私は現場の営業リーダーでした。事業本部も何とか売上を拡大するために、いろいろ施策を考えるのですが、現場の一リーダーに過ぎない私は、その検討に加わることができません。

知らないところで決まった、やっても結果が出ない施策を、上司から命じられるまま、ただひたすら実行し続けなければならないのです。

朝起きて、会社に行くのがつらかったのを覚えています。

「早く1日が終わればいい」と感じていたのを覚えています。

今から考えると、このつらさの原因がよく分かります。

「売れない」「結果が出ない」も原因の1つです。

それ以上に、自分がやることを決めることに、まったく関与できなかったことへの苛立ち（いらだち）がありました。つまり、**「自分がやることを自分で決められなかったこと」**が大きな原因だったのです。

例えば、当時の私はリクルートの中で最も薬学部学生の採用についてのノウハウがありました。それは、担当顧客に大手のスーパーマーケットや調剤薬局があったからです。これらの企業群は、バブルが弾けても薬剤師を必要としていて、この求人ニーズが底堅かったのです。しかし、この薬学部学生向けの新メディアを作る際に、私は声もかけてもらえませんでした。

この企画を検討している本部の人たちのことを、私たち現場の人間はよく知りません。そして、残念ながら本部の人たちも、私たち現場の人間のことを知りません。

私がこの分野であればいちばん知っているはずなのに、商品企画の相談が来ない。つまり、本部メンバーから「敬意を払ってもらっていない」と感じて腹立たしかったのです。

私は自分でやることを、現場をまったく知らないように見える人に決められていたのです。そして、その知らない人が決めたことをただただやるように命じられていました。しかも、自分で工夫をする余地もない。

だから私は、不満を持ち、不幸せに感じていました。

当時、本部の従業員が現場の情報を入手する方法は限られていました。だから仕方がない部分はありました。しかし、私は不満でした。

幸い、その後、私は「自分がやりたいこと」を周囲に伝えることができるようになり、加えて上司や同僚に恵まれ「自分でやることを決める」ことができました。その結果、職場で幸せを感じることができるようになりました。

だから、29年間もリクルートで働き続けることができたのです。

## 第三の場所で輝く人たちとの出会い

ところが、その後このように職場に不満を感じる人は私だけではないということに気づきました。

29年間勤めたリクルートを退職した後、少し時間があったので、私は社会人大学院に通うことにしました。

そこはさまざまなバックグラウンドの人が集まっているユニークな場所で、上場企業の社長、幹部や管理職など、ビジネスで活躍している人もいる一方、大学教授や学校の先生、音楽家、スポーツ選手など、日常では接しない人同士が一緒に学んでいました。

多くの人が、自分らしさやリーダーシップを発揮していました。

しかし、そのような方々と親しくなるうちに、不思議なことに気づいたのです。

ここでリーダーシップを発揮できるのであれば、会社や職場でもきっとそうなのだろうと話を聞くと、会社や職場では、自分らしさを出せずに押し殺している人がいるのです。

職場では自分らしさを発揮できないのに、この場所では自分らしさを発揮できる。何が違うのでしょう。それが私の疑問でした。


家庭を第一の場所、職場や学校を第二の場所と表現することがあります。そして、これらの場では自分らしさを出せない人が、第三の場を探すという話があります（スターバックスなどは、その第三の場所、サード・プレイスになることを目指しているので有名です）。

このような社会人大学院も第三の場所といえるでしょう。第三の場所ではリーダーシップや自分らしさを発揮できる人が、第二の場所である職場では、自分を押し殺さざるをえない。そこに何か違和感を持ったのです。

「会社なんてそういうものだ」と割り切ることもできます。しかし、週の大半の時間を費やす職場で自分を押し殺さないといけないなんてもったいない。そこまでではないにしても、自分らしさを発揮できないなんて、何かおかしいですよね。

話を詳しく聞くと、どうやら「決まったことをやらされている」ようなのです。変えようと思っても会社のルールやしがらみなどでがんじがらめになっている。そして、何かを言っても変えられないと、あきらめているようでした。

私が、若いころにリクルートに対して持っていた不満とまさしく同じです。ほかの場所で活躍できる人が、会社では活躍をあきらめている。これは、会社にとっても、個人にとってもあまりにももったいない状況です。

## 人は自分でやることを決められると幸せになる

私は29年間勤めたリクルートの最後の2年間は、「リクルートワークス研究所」に属していました。研究テーマは「なぜ中尾が担当した組織は、メンバーが自律自転するのか？」というものでした。

研究所の直前の10年間、私は2つの事業の責任者をしていました。それは、スーモカウンターという住宅領域の新規事業と、リクルートテクノロジーズというリクルートグループ全体のテクノロジー強化を担当する事業でした。

住宅領域での新規事業とテクノロジー事業の組織。

一見関係がなさそうな2つの組織には、実は共通点がありました。

それは、両組織とも短期間で多くのメンバーを採用し、急拡大したことです。

**一般的に組織が急拡大すると、組織にひずみが生じて、従業員満足度が低下し、離職が起き、その結果、顧客満足度も低下することが少なくありません。**

そうなる原因は多岐にわたります。

大量採用自体を目的としてしまうことによる弊害や準備不足です。採用数を追いかけるのが目的になり、自社、自組織のパーパスやビジョン・ミッションに合わない人を採用してしまうのです。

加えて、大量採用できたとしても、育成する仕組みが準備・整備がされておらず、現場に配属した後も適切なマネジメントができる管理職が不足しているなどの準備不足により、多くのひずみが起きるのです。

その結果、自社に合わないメンバーが大量に入社し、育成もそこそこに現場に配属され、同じく育成されていない管理職がマネジメントを行う。しかも自社を取り巻く環境は、さまざまな変化をし、今まで通りのことをやっていても成果は上がらない。

誰もがどうしていいか分からないなか、ひずみの連鎖が起き、職場の雰囲気は悪くなります。ここまでひどい状態ではないにしても、このような状態の職場であれば、自分らしさを出すのではなく、自分を押し殺して「会社にいる時間が早く過ぎればいい」と思うのは理解できます。

ところが私が担当した両組織は、急拡大しながら、従業員満足度は高く、離職率は低く、そして顧客満足度も高位安定していました。

これらの組織の共通のキーワードは**「自律自転する人・組織」**でした。

つまり、**現場が自分で考えて、自分で動いていたのです**。

実をいうと、両組織とも組織の責任者である私が不動産もテクノロジーも門外漢だったので、現場に権限移譲せざるをえなかったのです。それ以外に選択肢はありませんでした。

その結果、現場が自律的にやることを決める組織になっていました。ある意味、けがの功名であったかもしれません。

その時に知ったのが、次の言葉でした。

**「人は自分でやることを決める時に幸せを感じる」**


前述した心理学者カール・ロジャースの言葉です。

私がかつて仕事に対して嫌気がさしていた時や、社会人大学院でリーダーシップを取れるのに会社では自分を殺していた人たちに共通して起きていたことは、まさにこの逆です。

他人が自分のやることを決めていたのです。

現場のメンバーに活躍してもらうには、リーダーが「現場を見て」、現場のメンバーが何をしたくて、何が得意なのかを知る必要があります。そして会社、リーダーが彼らにやってほしいことと、これらの接点を見つけることがポイントです。

その結果、現場が自律的に動き始めるのです。

そして、リモートワークやオンラインコミュニケーションが普及してきた現在では、これを対面だけではなく、オンラインで実現しなければなりません。当然、職場で実際に会って把握するよりも難易度が上がります（「だから、当社は職場への出社を増やしているのだ」と思った方は、ぜひ序章を読んでください。これからはリモートワークとリアルワークの併用が当たり前になるでしょう）。

**これからのリモートワークとリアルワークの併用時代に現場のメンバーを見るスキルが、この本のテーマである「現場が動くマネジメント」です。**

この本では、序章で、多様な働き方は不可逆であること、つまりオンラインでの仕事の仕方のレベルを上げるのは必須である理由について説明します。

その後の章では、以下のように5W1Hで「現場が動くマネジメント」についてひもといていきます。

**第1章　Why　なぜ、現場を見る必要があるのか？**
**第2章　What　現場で何を見るのか？**
**第3章　How　どうやって現場を見るのか？**
**第4章　Who　誰が現場を見るのか？**
**第5章　Where　どこで現場を見るのか？**

第6章　When　いつ現場を見るのか？

それぞれの章の冒頭に「まとめ」を付けました。全体像をつかみたい方は、それぞれの章の冒頭のまとめを順に読んでもらえればと思います。

ぜひこの本を読んで「現場が動くマネジメント」を身につけて、自律自転する人、そして組織づくりができるリーダーになってください。

1人でも多くの自律自転する組織を作るリーダーが増えれば、職場で幸せだと感じる人が増えます。幸せなメンバーを増やせる仲間が増えることを願って、この本を書きました。必要な人に届くように願っています。

２０２３年11月　中尾隆一郎

# 第1章 Why

# なぜ、現場を見る必要があるのか？

第1章まとめ

## 第2章 What

# 現場の何を見るのか？



## 第3章 How

# どうやって現場を見るか？

# 第4章

# Who

## 誰が現場を見るのか？



**第4章まとめ**

# 第5章 Where

## どこで現場を見るのか？



第5章まとめ

# 第6章 When

# いつ現場を見るのか？



ブックデザイン　小口翔平＋須貝美咲（tobufune）
図版制作　二神さやか
DTP　キャップス
校　正　広瀬泉

# 序　章

# 多様な働き方は
# 不可逆

# 序章　まとめ

新型コロナウイルス発生から3年が経過し、ようやく日本でも日常生活が戻ってきました。しかし、過去のパンデミックを引き起こした感染症を調べると、その発生頻度は短くなってきているのが分かります。つまり、また近未来に起きることを前提に、リモートワークは今後も必要不可欠となると言えます。

また、マッキンゼーの報告書やリクルートワークス研究所の調査によると、多様な人材を抱える企業は業績がよいことが示されています。多様性を持つ人材が集まることで新たな視点が生まれ、イノベーションを促進し、人材確保にも優位性を持つと言えます。加えて、リモートワークで働きたい人を取り込むこともイノベーションを生み出すことに有利なのです。

しかし、日本企業は同一性を求める傾向と不確実性を避ける文化から、選択肢があっても1つに絞り込む傾向が見られます。これは、リモートワークとリアルワークの選択でも同じで、両者を組み合わせることが最適な解答だという視点が必要です。

# 働く場所の多様性は不可逆

## いつまた感染症がやってくるか？

新型コロナウイルス感染症（COVID－19）の発生から3年余りが経ちました。政府は、新型コロナウイルスの感染症法上の分類を2023年5月8日から、季節性インフルエンザと同じ「5類」に引き下げました。ようやく日本でも日常生活が戻ってきました。

これに伴い、企業は従来のリモートワーク中心での仕事ではなく、出社を増やすように従業員に要望する割合が増えています。

**しかし、今後、またこのような感染症がやってくることはないのでしょうか？**

つまり、エッセンシャルワーカー（現場で出社して働く仕事）を除いて、再びオンラインで働くことが前提になる状況は来ないのでしょうか？

これを類推するために、過去の世界的感染症の事例について確認してみることにします。過去にも、世界中に広がった感染症のパンデミック（世界的な流行）事例が数多くあります。最も重大な事例の一部は以下の通りです。

## 天然痘（～1980年）

天然痘は、天然痘ウイルスを病原体とする感染症で、古代から繰り返し流行し、累計で3億人から5億人が死亡したと推定されます。そして人類史上最も多くの人を殺した感染症です。WHO（世界保健機関）は1980年に全世界的根絶を宣言しました。パンデミックに対しての人類初の勝利です。

## スペイン風邪（1918-1920年）

スペイン風邪は、H1N1亜型ウイルスによって引き起こされた致命的なパンデミックで、世界中で約5億人が感染し、5000万人～1億人以上が死亡したと推定されています。日本でも40万人前後が死亡したと推計されています。

## HIV／AIDS（1981年－現在）

AIDS（後天性免疫不全症候群）は、ヒト免疫不全ウイルス（HIV）によって引き起こされ、主に性行為、注射器の共有、および出産時の母子感染によって広がっている世界的なパンデミックです。推定8000万人以上が感染し、3000万人以上がHIV／AIDSに関連する病気で死亡しました。そして2022年でも4000万人前後がHIV陽性の判定を受けています。

## SARS（2002－2003年）

SARS（重症急性呼吸器症候群）は、コロナウイルス（つまりCOVID－19の近縁ウイルス）によって引き起こされる感染性の高い呼吸器疾患でした。中国で発生し、数週間で37の国々と地域に広がり、8000人以上が感染し、774人が死亡しました。

## 豚インフルエンザ（2009-2010年）

豚インフルエンザは、H1N1ウイルスによって引き起こされた致命的なパンデミックで、2009~2010年の1年間で28万4500人が死亡したと推定されています。豚インフルエンザは、1889年、1968年にもそれぞれ推定100万人、1957~58年には推定200万人が死亡しました。

## エボラ出血熱（2014-2016年）

エボラ出血熱は、エボラウイルスによる致死性の高いウイルス性出血熱です。2014年から2016年にかけて西アフリカで流行し、2万8000人以上が感染、1万1000人が死亡しました。

## COVID-19（2019年〜2023年）

COVID-19（新型コロナウイルス感染症）は、新型コロナウイルス2（SARS-CoV-2）による感染症です。2019年12月に中国湖北省武漢市の原因不明の肺炎の集団発生から始まり、パンデミックになりました。世界で累計6億7000万人以上が感染し、688万人以上が死亡しました。日本でも3330万人以上が感染し、7万4000人以上が死亡しました。

パンデミックの頻度と規模は、多くの要因によって決まります。そのため、正確に予測することはできません。ただ、分かっていることをいくつかまとめておきます。

まず、過去のパンデミックの一覧を見ると、2000年を過ぎてすでに4回のパンデミックがあることが目を引きます。つまり**発生頻度が多くなっている**のです。

次に、この頻度や影響が高まる要因について考えてみます。

まず**新たな病原体の出現**です。森林を開発することにより、そこにしかいなかった新しいウイルスや細菌が出現する可能性があります。さらに、気候変動や環境汚染やさらなる自然の開発などが原因で、新しい病原体が出現する可能性が高まります。

そして**新しい感染症に対しては、人の免疫システムが存在しないため、感染症が拡大する可能性**があります。

また、人口の密度や移動性が高まっている現代社会においては、**感染症が広がるスピードが速く、感染の拡大**が予測されます。

一方で、発生したとしても抑えられる可能性もあります。それは現代の医療技術の進歩によって、将来の感染症に対する対処法が改善される可能性です。

例えば、新型コロナウイルスのワクチンのように、新しい感染症に対するワクチンが開発されることが期待されます。

また、デジタル技術や人工知能の発展によって、感染症の早期発見や診断が可能になる可能性もあります。

## パンデミックはいつ再来してもおかしくない

総合的に考えると、将来の感染症の頻度と規模は、多くの要因によって決まります。しかし、人口の密度や移動性が高まっている現代社会においては、これまで以上の感染症の拡大スピードが予測されます。そして、感染症の早期発見や診断に向けた技術の開発が期待されます。一方で、次のパンデミックに対する対処法の1つが、**働き方、リモートワークのバージョンアップ**です。

**「もう、しばらくパンデミックはない」と想定して、リアルでの仕事が永続的にできると考えるのはあまりに楽観的すぎないでしょうか。**少なくともリモートワークを併用し、さらに活用、バージョンアップする方法を常日頃から考えるのは必須だと思うのです。つまり、**働き方の多様性を高めることがポイント**ではないでしょうか。

日本では、多様性を認めるのではなく、一律、つまり白黒をつけるのが好きな人が多い国民性であるとホフステードの6次元モデルで説明されています（このホフステードモデルについての詳細は後述します）。だから、働き方もリアルなのか、リモートワークなのか白黒つけたがるのです。

しかし、今のままでは今後は、日本の企業が国際的な競争に勝っていくのは厳しくなっていくのではないでしょうか。

# 企業の多様性を資本市場が評価する時代

## マッキンゼーのレポートから分析

働き方の多様性を高めることで、さまざまな人材の多様性を高めることができるようになります。そして、そのことが企業の業績に貢献することが明らかとなってきています。これは企業にとってとてもポジティブな話です。

２０１５年に発表されたマッキンゼーの報告書によると、多様な人材を抱える企業ほど業績がよいことが報告されています。

具体的には、**ジェンダー・ダイバーシティ**（**ジェンダーの多様性**）について、最上位4分の1の企業群の方が最下位4分の1の企業群よりも業績が15ポイント高く、同じく**エスニック・ダイバーシティ**（**国籍の多様性**）についても、上位4分の1の企業群の方が最下位4分の1の企業群よりも35ポイント高くなっています。

図1　多様性と財務パフォーマンスの相関関係

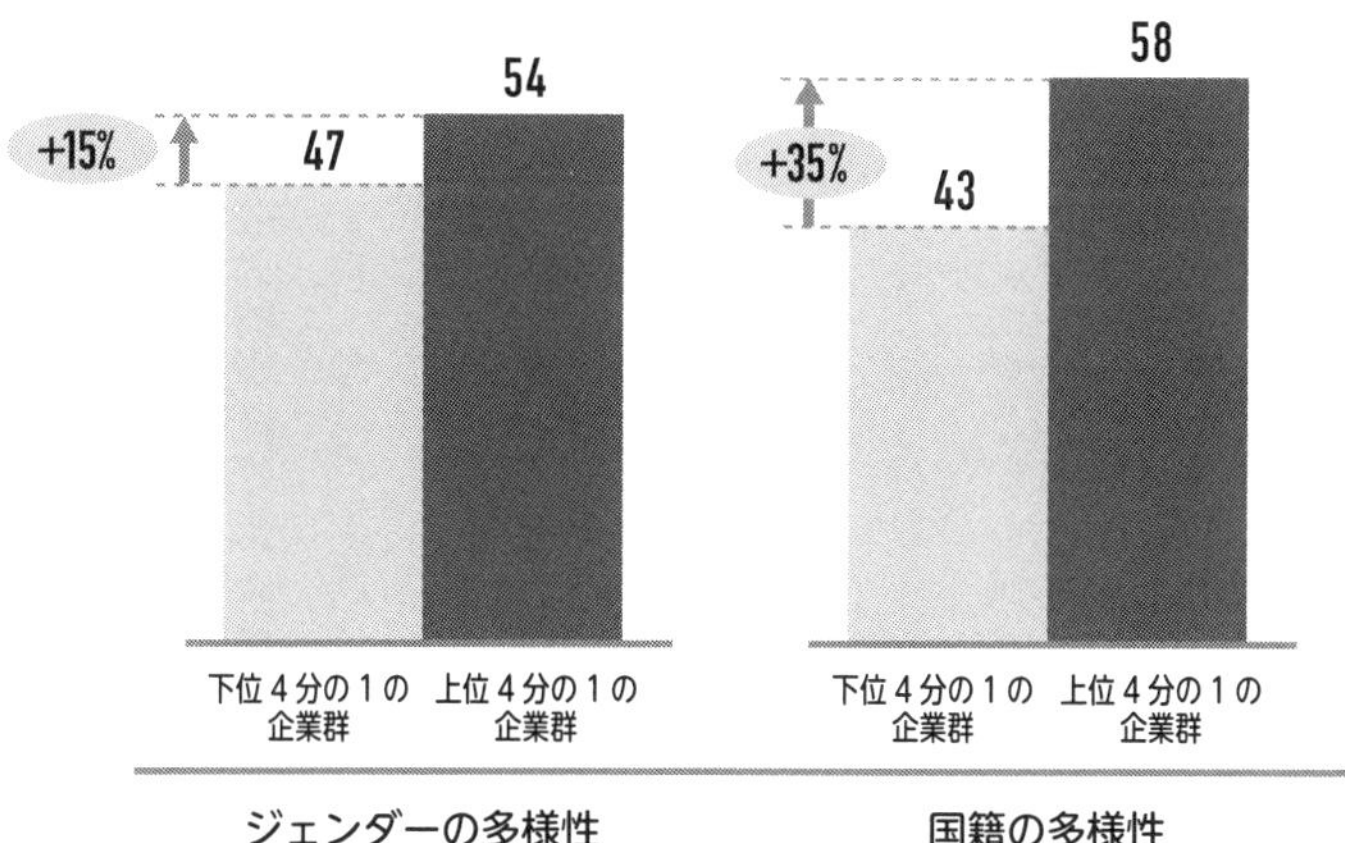


McKinsey&Company Diversity Matters, 2015 より

## なぜ、多様性が業績に直結するのか？

この現象が生じる理由は、次のように説明ができます。

**①アイデアや視点の多様性**

多様な人材を抱える企業は、異なるバックグラウンドを持つ人々が集まることで、さまざまなアイデアや視点が交わることができます。

より優れたビジネス戦略や商品開発が可能になり、その結果、市場から高い評価を得ることができます。

当然、より高い業績を上げる可能性が高

まります。

## ②社会的責任による市場の評価

また、多様性が高い企業は、社会的責任を果たすことができるという点でも評価されます。

特に、**近年、企業の社会的責任に対する注目度が高まっています。**女性やマイノリティなど、従来は社会的弱者とされていたグループに対して、企業が積極的に取り組むことが求められています。

多様性が高い企業は、このような社会的責任を果たしているため、市場から高い評価を得ることができるのです。

それがブランド価値を高め、より高い業績を上げる可能性が高まります。

## ③人材確保の優位性

さらに、多様性が高い企業は、人材確保にも優位になります。

多様性が高い企業は、他社が採用対象としない多様な人たちが活躍できます。他社が採用ターゲットにしていないので、優秀な人材を採用しやすく、人材獲得競争に勝つことができます。

最後に、従業員が多様性を重視する傾向が強まっていることも、多様性が高い企業にとって有利です。

従業員が多様性を重視する理由としては、自分自身が尊重される感覚や、異なる文化やバックグラウンドから学ぶことができるというメリットが挙げられます。そのため、**多様性が高い企業は、人材の採用や定着においても優位性を持っています。**

その結果、高い業績を上げられる可能性が高まるのです。

# 多様性がイノベーションを生む

## ポイントは「D＆I」＋「専門性」

私がかつて在籍したリクルートワークス研究所のレポートでも興味深いものがありました。それはD＆I（ダイバーシティ＆インクルージョン）と専門性がイノベーションに寄与するというものです。

具体的には、**人材マネジメント調査2015（同研究所が当時の東証一部上場企業を対象に隔年で実施している調査で2015年は176社が協力）を活用した2次分析**です。この2次分析から、イノベーションの創出につながる2つの道筋が見えてきたのです。

なお、D＆I（ダイバーシティ＆インクルージョン）とは、人々の性別、年齢、国籍などの違いを尊重し、個性を活かす「ダイバーシティ（多様性）」、これらの多様性を組織内で活用するプロセス「インクルージョン（包括・受容）」という考え方を指します。

## なぜ、D&Iがイノベーションを生むのか?

「人材マネジメント調査2015」で明らかとなったのは、**女性活躍推進、外国人活用、シニア人材活用のそれぞれの指標を目標に設定していることと、イノベーションに因果関係があること**が分かったのです。

イノベーション経営企業の事例を見ていて実感するのは、イノベーション経営の目的は、主にマーケティングと人材採用にあります。

**顧客の多様性を組織に投影した形でダイバーシティ推進を行うことで、多様な顧客のニーズを理解し、共感を演出し、ヒット商品を生み出すことを狙っているわけです。**

その際には、多様な人材がいるダイバーシティに加えて、その人がその人らしくいられる**インクルージョン**が不可欠です。多様な人材はいるけれど、女性が男性のようにふるまうことを求められるのでは、多様な意見が出てくることはありえません。男性の着ぐるみを着なくてもよい、インクルージョンな状況でこそ、ヒット商品を生み出す可能性が高まるのです。

また、**特に日本で女性活躍推進**（ジェンダー・ダイバーシティ）**が重視されるのは、女性の活躍が遅れていることに加えて、実は女性が消費の意思決定者になっているからです。**これら、イノベーションとダイバーシティ&インクルージョンの関係は直感的にも納得できるでしょう。

## プロフェッショナル人材がイノベーションを生み出す

また、2つ目に分かってきたのが、**「プロフェッショナル人材育成」がイノベーションを生み出す**という事実です。

すなわち「社外に誇れる専門家・プロフェッショナルが2、3年前と比べて育っているか」という質問の回答が、イノベーションと因果関係があることが分かったのです。

つまり、イノベーションを生み出すには、プロの信念、専門的な知識や技術が必要であり、プロ育成を重視する企業は、イノベーションを生み出すことができます。

従来の日本企業はこれまでジェネラリストの育成を目標に掲げ、プロ育成を本気で

## 図2　D&Iや専門性とイノベーション

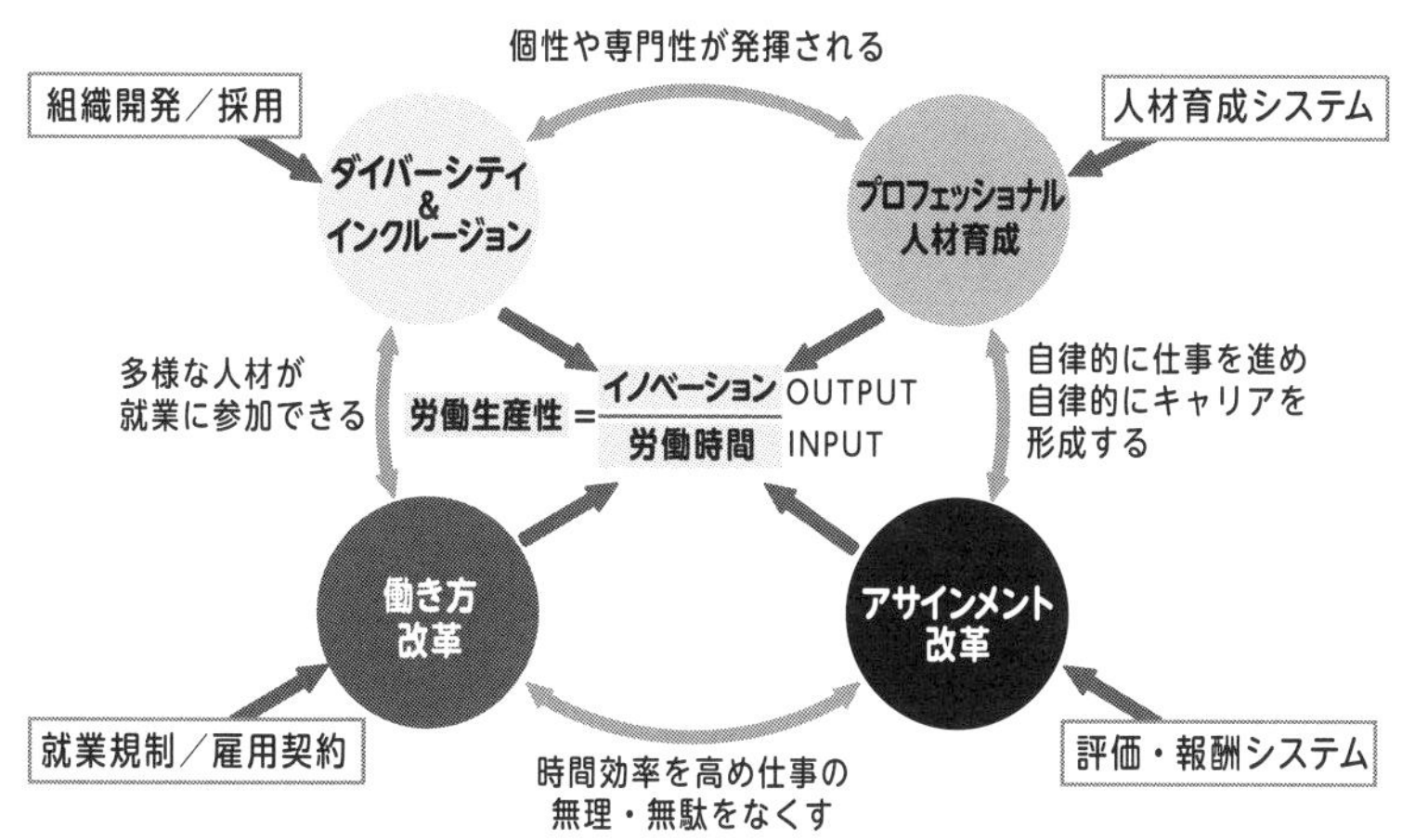


リクルートワークス研究所「人材マネジメント調査2015」より

行っていなかったところがありました。

しかし、グローバル競争が激しくなるなかで、それぞれの分野でプロがいなければ競争を勝ち抜くことはできなくなってきているのです。

つまり、この2次分析から分かるのは、多様な人材（ダイバーシティ）とその人たちがその人たちらしくいられること（インクルージョン）が必要条件だということ。

加えて、業務を分かっているプロフェッショナルが関与することでイノベーションが起きるということです。

# 多様性を認めないのは強者だけ

## 従業員を混乱させる「ダブルシグナル」の存在

ここまで、多様性が高い方がイノベーションは起きやすく、企業の業績としても結果が出ているということを確認しました。ところが、**日本では多様性ではなく、同一性を求める傾向が強い**ように感じます。

例えば、働く場所についてもそうです。新型コロナウイスが5類になることが決まると、従業員に出社を求める企業がとたんに増えました。

### なぜ、経営者は従業員に「出社」を求めるのか？

なぜ、日本企業の経営者はリモートワークではなく、出社を求めるのでしょうか？

それは、まず、日本企業の社風は「出社してこそ仕事である」という文化が根強く、また、社員間のコミュニケーションを重視する傾向があるからです。

このため、オフィスでの業務やコミュニケーションが、リモートワークよりも効率的であるとの（根拠なき）信念が根強く、それに基づいた経営判断が行われているからです。

さらに、出社を決める経営者や幹部は、会社の近くに住んでいる可能性が高いというのもあります。彼らは、通勤にそんなに時間や負担がかからないのです。つまり、**出社を決める立場の人たちは「通勤」に関しての「強者」**なのです。

しかし、通勤を求められる大半の従業員は、少しでも広い住宅を得るために郊外に住んでいるケースが多いでしょう。つまり「通勤」における「弱者」なのです。

しかし、この「通勤弱者」である多くの従業員は、ここ数年のリモートワークを通じて「通勤」がないことのメリットを知ってしまいました。

例えば、**通勤がないことで1日平均1時間半（東京都の通勤の中位数約45分の2倍・日本全国の中位数は約30分）浮くことを知ってしまいました。**従業員にとっては、このメリットを失ってまで、出社によって得られるメリットは多くないのです。

このことに経営者は気づいていません。

これについては、**心理学者アーノルド・ミンデルの『紛争の心理学』にある「ダブルシグナル」と「ランク」という考え方**にその答えがあるように思います。

## 経営者が発する「ダブルシグナル」に従業員はストレスを感じる

**ダブルシグナルとは、相手に対して与える言葉と実際の行動が一致していない状況が生じた際に、相手が混乱し不安やストレスを感じる現象を指します。**

例えば、上司が「私はあなたのことを信頼している」と口で言っているのに、実際には「細かな作業指示やチェックをしている」場合などがあります。このような場合、上司の言葉と行動が一致していないために、部下は上司の信頼を疑ったり、ストレスを感じることがあります。

ダブルシグナルは、相手に不信感や不安を与え、コミュニケーションの円滑さを阻害する可能性があるため、関係性の悪化や紛争（もめ事）の原因となることがあります。そのため、相手に正直な気持ちを伝え、言葉と行動が一致したコミュニケーションを行うことが重要です。

この理論を日本企業のリモートワークに関連して考えると、**経営者が相手の状況、例えば子育てや介護、あるいは遠隔地に住んでいることなどから「リモートワークの制度」は作るものの、実際は、その制度は利用しづらく、結局「休みにするか、出社するしかない」という矛盾**があることが挙げられます。

そもそも、このダブルシグナルには、相手に対して、「（ランクが高い）私の言っていることが正しいので、（ランクが低い）あなたは、私の言うことを聞きなさい」というニュアンスが含まれているのです。

「ごちゃごちゃ言わずに、言うことを聞け！」という感じですね。

従業員は、自分のことなのに、自分で決められないわけです。

当然、不満を持ってしまいます。

もちろん、リモートワークにもさまざまな課題があります。

例えば、社員同士のコミュニケーション不足や、作業の進捗管理が難しい点などが挙げられます。しかし、これらは、まだまだリモートワークを始めたばかりだから起きていることであり、適切なＩＴツールや業務プロセスの見直しを行えば、解決できるはずです。

もちろん、リモートワークで、一定の成果を出すためには、社員に高い自律性や責任感が求められます。そのため、社員の採用や教育・研修などにも十分な時間やリソースを割く必要があるのは言うまでもありません。

**感染症、パンデミックはまた必ずやってきます。**

**今こそ、リモートワークの方法を進化させておく必要があるのではないでしょうか。**

# 多様なやり方を組み合わせる

## 「OR」ではなく「AND」という選択

ここまで「リモートワーク、リアルのどっちがよいか？」というORの話をしてきましたが、たいていのOR（AかBか）問題の正解はAND（AもBも）という場合が多いものです。

ところが日本人は、AかBか白黒をつけたがる国民性なので、AかBか決めたくなるのです。

### 「不確実性回避」が高い国民性を持つ日本文化

異文化理解のフレームワーク**「ホフステードの6次元モデル」**をご存じですか。

これは6つの尺度で国を比較することができるフレームです。その6つの尺度の1

## 図3　不確実性回避の国際比較

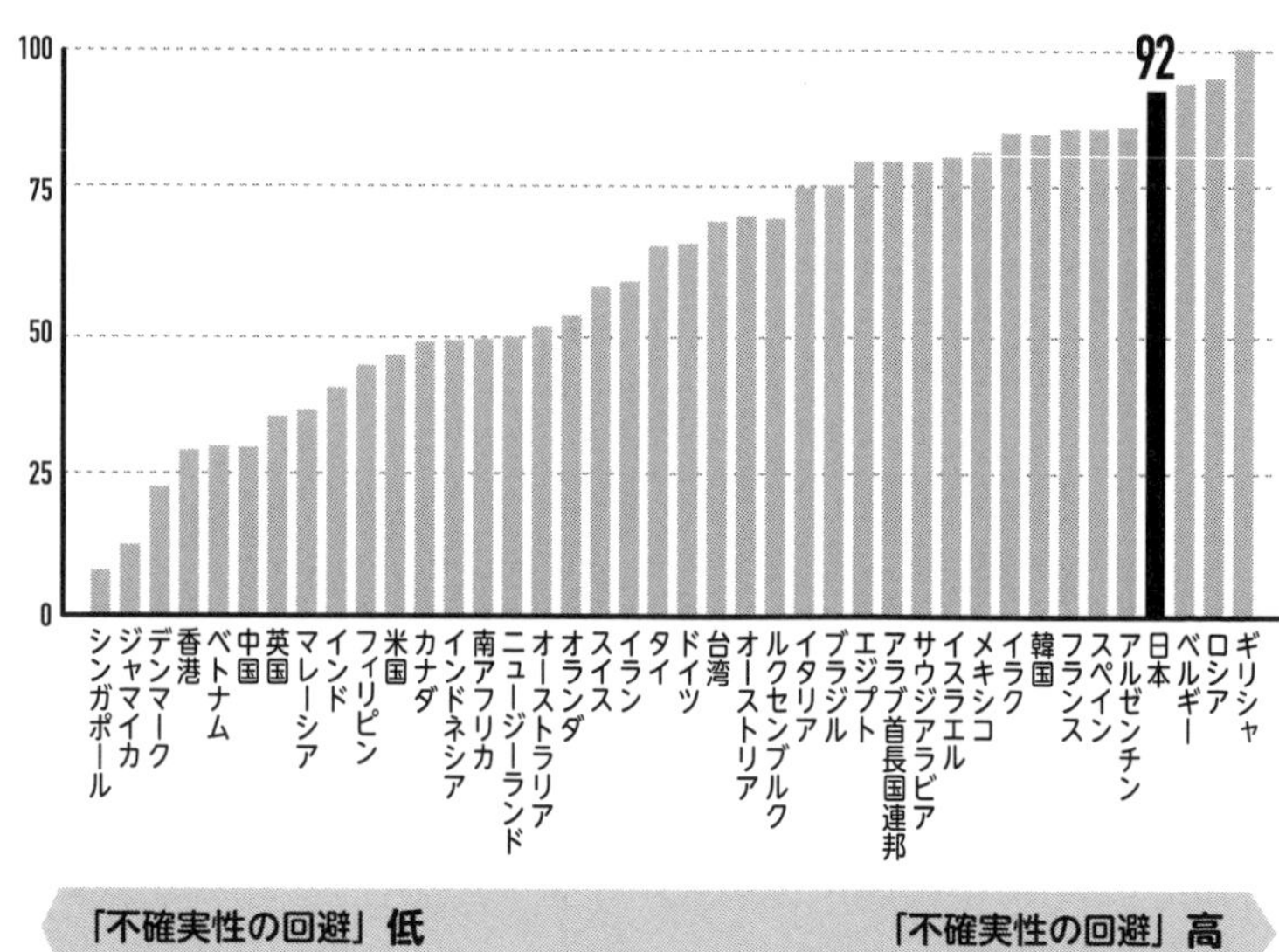


G．ホフステードほか著『多文化世界』（有斐閣）を基に作成

つに**不確実性の回避**（Uncertain Avoidance＝UA）というものがあります。**日本はこのUAが世界で（ギリシャ・ロシア・ベルギーに次いで）4番目に高いことが分かっています。**UAが高いとは、不確実なこと、曖昧なことを嫌う文化だということです。

不確実なことが嫌いなので、白黒をつけたがります。不確実性が脅威なので、取り除くためにルールや規則を作りたくなります。同じく、（学生は）「正しい答え」を求め、教師がすべての回答を示すことを期待します。つまり、**不確実性回避が高い国民性は、正解を欲しがります。**だからＡorＢを決めたくなるのです。しかも、日本は

「達成志向」が高い国でもあるので、ＨＯＷを決めてプロセス通り例外なく進めたがる傾向になりがちです。

したがって、日本の国民性からみると、曖昧なＡａｎｄＢがなかなか受け入れられません。だから、「リアル出社」か「リモートワーク」かを白黒つけたくなるのです。

しかし、実際はＡａｎｄＢであることがよいケースが多かったりします。

## 「営業訪問」「電話」「郵送」「電子メール」のどれが最適か？

まさにそんなＡｏｒＢの議論があった昔話にお付き合いください。

今から約20年前の２００２年当時、私はリクルートの企画部門にいて、「営業活動を科学する」が私のミッションでした。

当時のリクルートは、まだ「ザ・営業会社」で、営業活動で解決すべきテーマは、「営業活動では『顧客訪問』すべきか、『電話を活用』すべきか、『メールや郵送』を活用すべきか」ということを真面目(まじめ)に議論していました。

まさにＡｏｒＢｏｒＣの議論をしていたのです。

図4　2002年当時の授業メモ

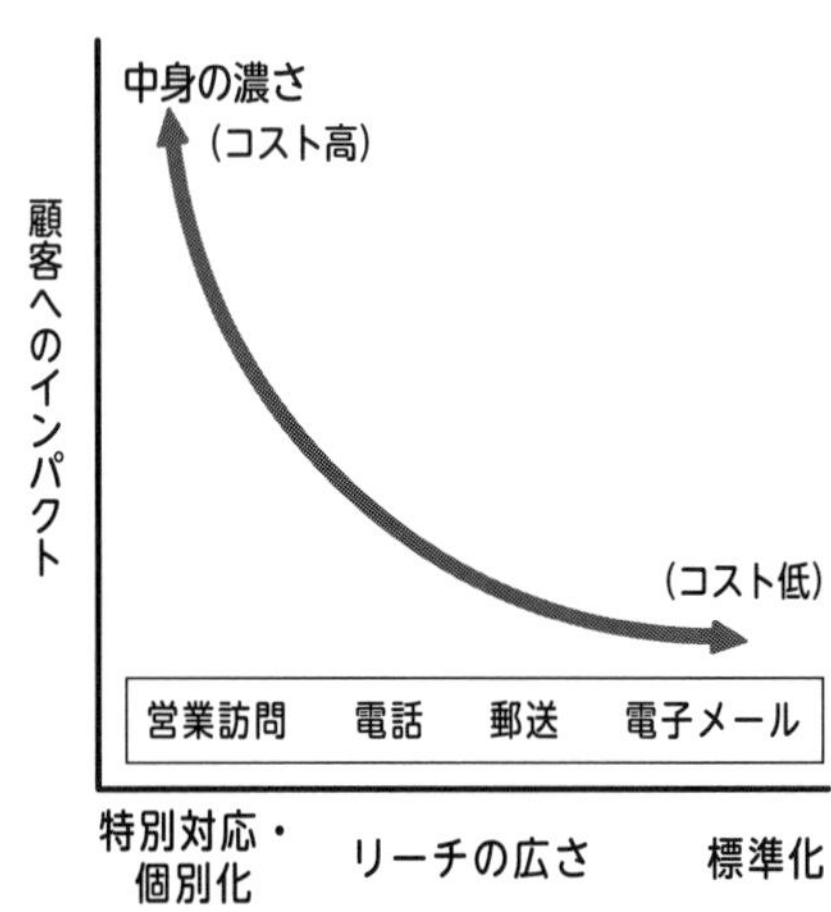


またリクルートでは、新規顧客開拓のために「ビル倒し」という営業活動を真面目にやっていた時代もありました。ビルの最上階からすべての顧客の事務所の扉を開け、「飛び込み営業」をするのです。

その一方で新規顧客のリストをもとに営業電話をかけて営業成果を上げている人もいました。

そこに急速にパソコンが普及し、2002年当時、事業所のパソコン保有率は93％、インターネットの人口普及率が初の50％を超えて54・5％（総務省）になったころ、ちょうど時代が大きく変わり、営業活動も変わりつつあるタイミングでした。

ちょうどそのタイミングで、私はリクル

ートからフランスのＩＮＳＥＡＤ（欧州経営大学院）のマーケティングコースに行く機会を得ました。

そこで1枚のキーチャートを見せられました。

縦軸に顧客へのインパクト（強度）を横軸にリーチの広さという2軸を取り、営業訪問、電話、郵送、電子メールの位置づけを図示しています。

例えば営業（対面での訪問営業活動）は顧客へのインパクトは大きいが、リーチは小さい。つまり活動量に限りがある。一方で電子メールは、顧客へのインパクトは小さいがリーチはとても広い。電話や郵送は、両者の中間だということを表しています。

そして、今後インターネットの普及に伴い、メールなどでの営業活動がより高度化するはずだという講義内容でした。

では、この図をどう解釈するのか。

結論からいうと、それは「営業訪問ＯＲメール」ではなく、「営業訪問ＡＮＤメール」が正解なのです。つまり、顧客の状況に合わせて、営業訪問、電話、郵送、メールを組み合わせるとよいということなのです。

これは時代が証明しています。

あれから20年たった２０２３年現在、営業活動は様変わりし、まさにさまざまな営業手法を組み合わせて、しかも分業して実施するようになっています。

リアルで出社するのか、リモートワークにするのかという問題も同じ議論ではないでしょうか。ホンダは原則出社の一方で、ＮＴＴグループは原則在宅勤務の方針だそうです。20年経ってもやはり「ＯＲ」の発想なのです。

結論として、組織の多様性という観点からみても、出社とリモートワークを組み合わせるのがこれからの時代の最適解ではないでしょうか。

# 第 1 章

# Why
# なぜ、現場を見る必要があるのか？

## 第1章 まとめ

組織は、部分最適化、つまり自分の部門やチームだけのことを考える最適化に陥りやすい傾向があります。これは組織を必要以上に細分化し、その細分化した組織ごとにＭＢＯ（目標管理制度）やインセンティブ（褒賞）制度を導入することで、部分最適化を加速させてしまっている可能性があります。

そのため、組織全体の全体最適を実現するためには「制約条件理論」を活用することが重要です。その１つの解決策として、「ＫＰＩマネジメント」を活用することが挙げられます。

# 現場は「部分最適」になりがち

## あらゆる組織は「サイロ化」する

企業は、組織を効率的に運営するために、組織全体を分割し、より小さな組織に再編します。

例えば次ページの図5のように、機能ごとに、①**集客**、②**ナーチャリング**、③**営業**、④**カスタマーサクセス（CS）**、⑤**管理部門といった5つの組織（部や課やチーム）**に分割します。

そしてそれぞれの組織に、個別のミッションを与えます。ミッションを付与された各組織は、そのミッション達成のために専門性を高め、努力します。

①集客組織のミッションは、**「集客目標」の達成**です。広告、セミナー、紹介などさまざまな手法を使って多くの「見込み顧客」を集めます。

図5　機能ごとに分けた5つの組織

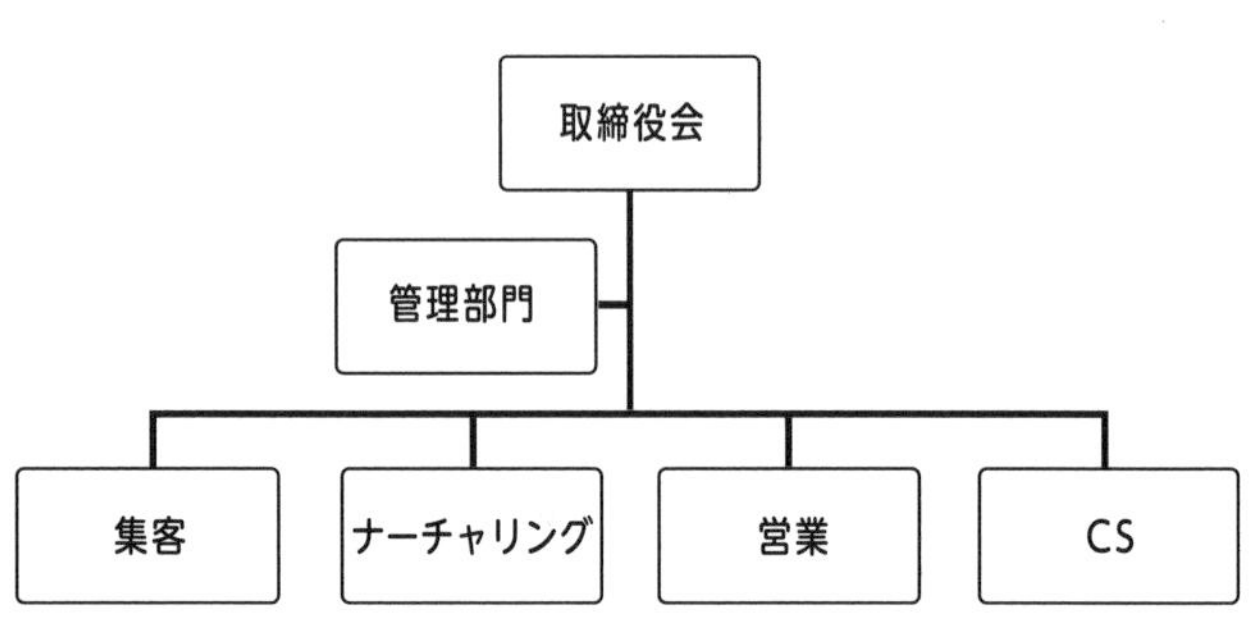


②ナーチャリング組織のミッションは、**「商談目標数」の達成**です。「①集客」が集めた「見込み顧客」をフォローし、「商談」設定を行い、「③営業」が商談できる状態にします。

③営業組織のミッションは**「受注目標」の達成**です。「②ナーチャリング」が設定した「商談」に対して営業活動を行い、より多くの「受注」ができるようにします。

④カスタマーサクセス組織のミッションは、**「LTV（Life Time Value：顧客との長期間での取引継続）目標」の達成**です。「③営業」が

「受注」した商品・サービスを納品し、その「顧客」と継続的に良好な関係を築き、取引をより大きく、より継続することでＬＴＶを高める活動をします。

⑤管理部門のミッションは、**①～④の組織を管理・支援するために個別に設定したミッションの「目標」達成**です。例えば、経営戦略、経営管理、人事、採用、育成、あるいは必要に応じて現場の見える化、そのためのデータの整備、受発注などのバックヤード業務などです。

ビジネスを推進するためには、①集客、②ナーチャリング、③営業、④カスタマーサクセス、⑤管理部門の５つの組織が連携していることが必須です。

ところが、①～⑤の各組織が、連携せずに、それぞれの組織の目標達成だけを考えていたらどうなるでしょうか？

例えば、「①集客組織」は「集客」目標を達成さえすればよいと考えるケースです。その場合、目標達成のために、見込み顧客になりにくい対象に対してもインセンティブなどで集客することになります。その結果、何が起きるでしょうか？

## 各組織が目先の目標だけ達成しようとすると何が起きるか？

具体的な事例を1つご紹介しましょう。

住宅展示場の事例です。

住宅展示場は、注文住宅の建築を検討する家族がモデルハウスを見学する場所です。住宅展示場は、住宅展示場運営会社（以下運営会社）とハウスメーカー（以下HM）が共同で運営をしています。

HMは、運営会社から展示場の区画を借りて、そこに自社のモデルハウスを建築します。

そしてHMは毎月借りた区画に対して家賃を支払います。ただし、この家賃には、集客費用も含まれているという契約になっています。

つまり、HMは、集客活動の一部を運営会社に代行してもらっているのです。そして、運営会社のミッションは、注文住宅を建設する予定がある「見込み客」を増やすことです。

注文住宅を購入する人は限られています。だから「見込み顧客」を集めるのは簡単ではありません。しかし、「見込み顧客」の集客が少ないとＨＭから運営会社にクレームが入ります。

そこで、運営会社は、数だけでも集めようとアニメのキャラクターショーなどで無理やり家族連れを集客します。しかし、そのような若い家族を集客したとしても、注文住宅を購入する人はほとんどいません。その結果、**「集客」はできたけれど、「見込み顧客」はまったく獲得できていない**という事態が起きるのです。

**つまり、見た目の「集客」が増加したとしても「見込み顧客」がほとんど含まれていません。**後工程の「②ナーチャリング組織（この事例ではＨＭの受付や営業）」が「商談」を設定しようとしても、その活動の大半が徒労に終わります。

これは、集客を外部に委託しているＨＭだから起きる話ではありません。集客を社内で実施していても、「集客」が少ない際に、他組織からの叱責が入り、「集客目標達成」のみに捉われると、この運営会社とＨＭとの事例のように「見た目の集客」だけを増やす事態が起きる可能性が高まるのです。

同様に「②ナーチャリング組織」も、「③営業組織」から「商談数」が少ないとク

図6　各組織がそれぞれの目標達成だけを考えていたら

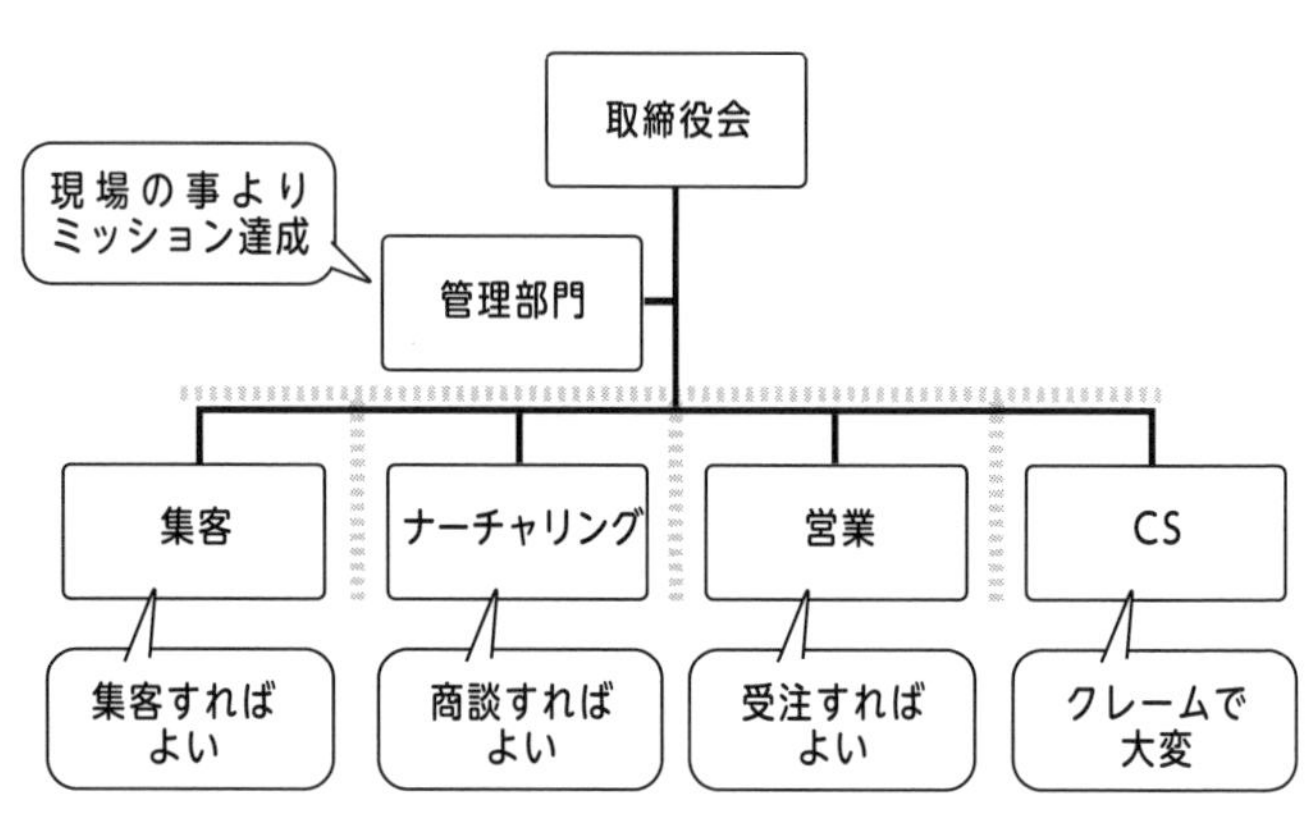


レームが入ったり、あるいは受注業績が低迷しているのは「②ナーチャリング組織」の「商談数」が少ないからだと報告されたらどうでしょうか。

受注確率が低いと分かっているのに無理やり商談をつくるかもしれません。これも本来の「商談」が増えたわけではないので、「③営業組織」が営業しようにも受注につながりません。結果として、活動の大半が徒労に終わり生産性が低下します。

これは「③営業組織」も同じです。極端なケースだと、営業担当が口から出まかせで受注をするかもしれません。

**これらの結果、ひずみはすべてビジネスプロセスの最終工程である「④カスタマー**

**サクセス（CS）」が担うことになります。顧客からのクレームが頻発するので、その対応工数が増加し、さらに生産性が低下します。**

## 「部分最適」「サイロ化」を避けるために管理部門がある

ちなみに、このように「自分の組織だけがよければそれでよい」「自組織の目標を達成しさえすればよい」という状態を**「部分最適」**あるいは**「サイロ化」**と呼びます。

「部分最適」は、全体ではなく、部分だけがよい状態になっていることを指します。

「サイロ」は工場の原料や農産物、家畜の飼料などを貯蔵する円筒状の建物を指します。**「サイロ化」は、サイロが個別に建設され、孤立しており、連携がされていない状態**を指します。

**このような部分最適やサイロ化が起きていても、「⑤管理部門」が①～④の機能部門を俯瞰（ふかん）して状況を把握できる状態にあれば、全体最適なコントロールも可能です。**

**あるいはこの①～⑤の組織全体のリーダー（責任者）が把握、コントロールできている場合は、部分最適な状況が発生しても、その都度解決することが可能です。**

しかし、そうではない場合は、**「それぞれの組織がミッションに従って行動しているのに、全体では成果が出ない」**という状況が起きるのです。

部分最適な状態では、上述のように生産性が低下します。

業績が上がらないので、その犯人探しが始まります。各組織とも与えられたミッション達成のために行動しているので、自組織がその犯人であるとは考えません。当然、自組織以外が犯人であると考え、組織間の対立が生じがちです。

その結果、内部向けの説明、問題解決や関係性改善のための膨大な工数が発生し、さらに生産性低下に拍車がかかります。当然、ますます顧客など外部に工数を割けなくなり、さらに業績低下を誘引するのです。

これらの無駄を防ぐためにも、リーダーや管理部門、そして現場のそれぞれの組織で何が起きているのかを正確に把握するための**「現場を見る技術」**が必要なのです。

# 部分最適に拍車をかける間違った制度の運用

部分最適になると、業績が悪化し、組織間の対立が起き、ギスギスしだします。実は意外とこれに「⑤管理部門」が拍車をかけているケースがあります。

## 間違った目標管理制度（ＭＢＯ）が生み出すもの

例えば**目標管理制度（ＭＢＯ）の間違った運用**です。

上述した①〜⑤の組織のリーダーのＭＢＯのミッションが自組織の目標達成だけだったとします。「だけ」というのは、組織全体（①〜⑤）の目標達成ミッションが付与されていない場合です。

会社や「⑤管理部門」から自組織のミッション達成だけを求められているとしまし

ょう。その結果、上述の部分最適な行動を取る可能性が高まるのは容易に想像できます。

「①集客」のリーダーは、見込み顧客が含まれているかどうかは関係なく、「集客数」の目標だけに注力します。「②ナーチャリング」のリーダーも同じです。受注できるかどうかに関係なく「商談数」だけに注力します。「③営業」「④カスタマーサクセス」のリーダーも、「⑤管理部門」のリーダーも同じです。自組織のミッション達成だけに注力します。

**自覚があるかどうかは分かりませんが、経営陣や人事部門がMBOという仕組みを誤用して現場組織が部分最適になるように仕向けているのです。**

現場のリーダーが部分最適な行動を取るのですから、配下のメンバーも同じく部分最適な行動をします。組織を構成するメンバーすべてが部分最適な行動を行うようになるのです。これでは成果が出るはずがありません。

## 部分最適を導いてしまうインセンティブ制度の事例

**インセンティブ（褒賞）制度の誤用**も同様です。

ＭＢＯの誤用同様に、悪い結果を生みます。

例えば、部分最適な行動を取った人を表彰すると、メンバーはそれに見習って部分最適な行動ばかり取るようになります。

以前、ある会社で次のような「部分最適」な判断がされそうになったことがあります。全社でイノベーションを生んだ人材を表彰しインセンティブを支給するという制度がありました。具体的には、全社で10案件、10人のメンバーが表彰され、多額のインセンティブ（1案件１００万円）を得られる制度です。

人事からの表彰ルール原案として「1案件について1名」のエントリーとするということが提案されました。これは、チームで表彰してしまうことで発生する、フリーライド（ただ乗り）を防ぐことが目的でした。意図は分かります。

しかし間違った運用になると、本来のイノベーションを生みだすことを阻害しかねません。例えば、3名で成果を出したのに、1名だけが表彰され、インセンティブも独り占めになるケースです。金も名誉も得た1人と、両方とももらえなかった残りの2人の差異が大きすぎるのです。

**そもそも、誰か1人だけで生み出すイノベーションはほとんどありません。**

例えば世界最大クラスの時価総額を誇るアップル。かつてはスティーブ・ジョブズだけが同社をけん引していると思われていました。しかし、同社のイノベーションは、ジョブズに加えてデザインのジョナサン・アイブとサプライチェーン・マネジメントのティム・クック（現CEO）がいなかったらできなかったのは有名な話です。

**この場合、表彰者を1名だけ選ぶと、3人の協働が崩れてしまう可能性があります。**

先述した会社のケースの話に戻しましょう。

表彰のインセンティブ制度の事例で部分最適なことが起こりそうになりました。企画担当とエンジニアがチームでイノベーションを起こしました。これが事実なのですが、人事から上述のように「フリーライドを防ぐために、どちらか1名を選ばないといけない」との要望が来たのです。それに従うと、1名だけが表彰とインセンティブを得られるわけです。

フリーライドは防がないといけないのですが、事実を曲げることは本質ではありません。そこで人事と相談をして、今回は事実なので2人を表彰対象にすることに決まりました。

この結果は、上手にメンバーに説明をする必要があります。

2名で協働すると面倒くさいことが起きるのだと解釈されてしまうと、例えば、今回のケースでは企画担当に悪魔のささやきが聞こえてきます。

「社内エンジニアと組むから、この問題が起きるのだ。社外のエンジニアと組めば、このような面倒くさい問題が起きない」

このように考えてしまうのです。

**これはイノベーションを起こすという全体最適ではなく、まさに表彰制度で面倒くさくならないためにという部分最適な発想です。**

このような部分最適な発想をすると、社内に優秀なエンジニアがいるにもかかわらず、関係性の希薄な外部の人材と組むことで、イノベーションそのものが起きない可能性が高まります。しかも本来不要な社外のエンジニアに支払うお金が外部に支払われ、出費が嵩(かさ)みます。さらに開発ノウハウが社内に残らないという点もデメリットです。

このようなイノベーションの可能性を下げ、しかも無駄なことが起きないような運用にしなければいけないのです。目標管理制度もインセンティブ制度も、上手に運用しないと、かえって部分最適な組織の傾向にかえって拍車をかける可能性があります。

これを防ぐためにも、現場のメンバーがどのように動くのか想像する「現場を把握する技術」が必要です。

# 全体最適が組織の生産性を上げる

## 部分最適は制約条件理論で解決する

部分最適な組織になると、組織間の対立構造が起き、それを解決するための内部工数が増加し、これらの結果、生産性は低下し、業績が悪化する話をしました。誰もこのような部分最適な組織は作りたくありません。

では、どうすればこの部分最適な状態にならずに「全体最適」な組織を作れるのでしょうか？

そのキーワードが**「制約条件理論」**です。

これは、全世界で１０００万部以上売れ、アマゾンの創業者ジェフ・ベゾスが経営陣と一緒に読んだ『ザ・ゴール』の著者、エリヤフ・ゴールドラット博士が提唱した考え方です。

制約条件とは**「ボトルネック」**とも言われます。

図7左のような中央部にひずみ（ボルトネック）があるパイプを想像してください。水を左側から右側に流します。左側から大量に水を流しても、ボトルネックの部分で、水流が抑制されて、右側にはボトルネックを通過できる水の量が十分に流れていきません。

どうすればよいでしょうか？
答えは簡単です。
図7右のようにボトルネックを拡げればよいのです。

これはビジネスでも同じです。
**組織の中で弱い箇所（ボトルネック）を特定して、そこを強化すればよいのです。きわめてシンプルな理論です。だから汎用性がきわめて高いのです。**

余談ですが、原著『The Goal』の初版が発売されたのは１９８４年です。全世界で１０００万人以上が読んだベストセラーにもかかわらず、長い間日本での邦訳出版が許されませんでした。

図7　「制約条件＝ボトルネック」とは？

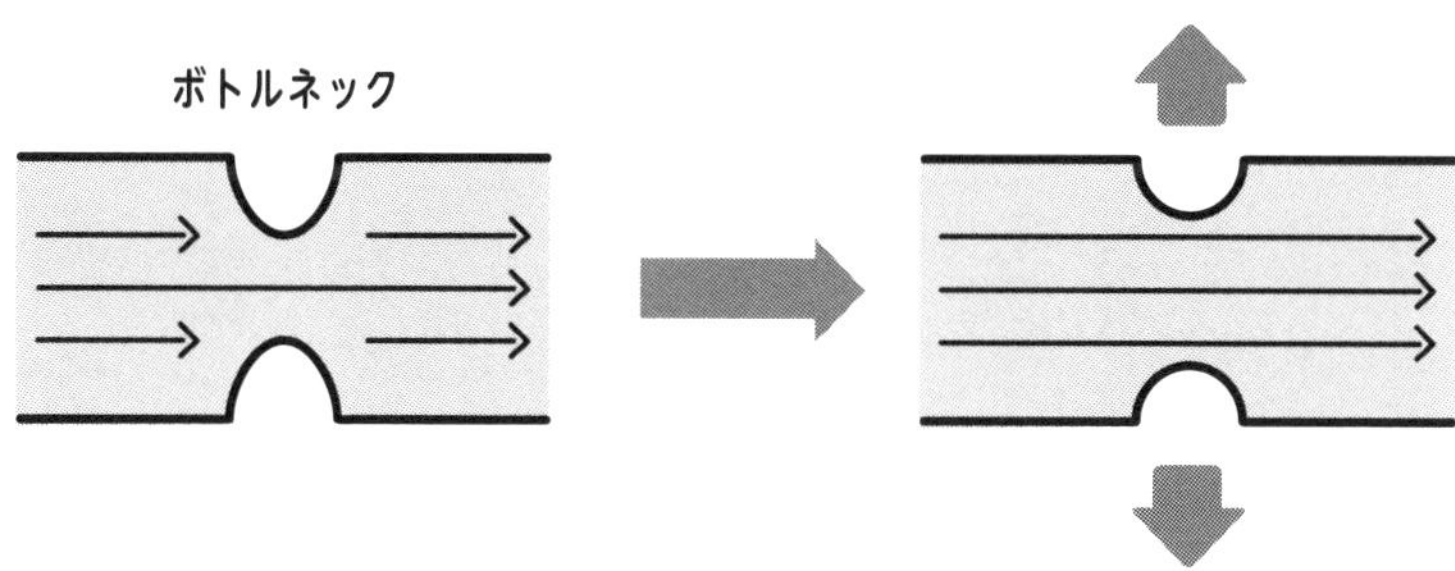


それは著者のエリヤフ・ゴールドラット博士が**「日本人は、部分最適の改善にかけては世界で超一級だ。その日本人に『ザ・ゴール』に書いたような全体最適の手法を教えてしまったら、貿易摩擦が再燃して世界経済が大混乱に陥る」**と邦訳を拒否していたそうです。

翻訳出版の許可が下りたのは２００１年。日本のバブル経済が終わり、アメリカから見て、日本が怖くなくなったタイミングでした。

# 一番大きく凹んだ場所はどこにあるのか？

## ボトルネックを特定する

「制約条件理論」を具体的にビジネスで実践するために、私は2018年に『最高の結果を出すKPIマネジメント』（フォレスト出版）を上梓しました。

おかげさまで現在も版を重ねるロングセラーとなり、この本をきっかけにさまざまな企業でKPIマネジメントの講演やワークショップをさせていただきました。

KPIというと「数字で管理する話」だと考えている人が大半です。しかし、私のKPIマネジメントは、上述の制約条件理論をベースにしています。**つまり、放っておくと部分最適になる組織を全体最適に蘇らせる方法論**なのです。

詳しくは『最高の結果を出すKPIマネジメント』あるいはその後に上梓した『最高の結果を出すKPI実践ノート』を読んでいただきたいと思いますが、本書の読者のみなさまには、これらの本の中の重要なポイントをかいつまんでご紹介します。

これから説明するのは、私が講演やセミナーの冒頭で必ず話す内容です。

ＫＰＩマネジメントの大事なポイントは次の2点です。

**①ＫＰＩは1つに絞る**
**②ＫＰＩを1つに絞るための幹部間での対話が重要**

まず**「ＫＰＩは1つ」**とは、67ページの図7で示したボトルネックを特定する作業です。

図7では、凹んでいる箇所は1か所で示しましたが、実際の凹みは複数箇所あることが多いです。次ページの図8では、Ａ〜Ｅの5か所の凹みがあります。

図を見るとそれぞれの凹みの深さが異なるのが分かります。「ＫＰＩは1つ」とは、つまり**「複数ある凹みの中で一番凹みが大きいボトルネックを特定しましょう」**という意味です。図8であれば、「Ａ〜Ｅの5つある凹みの中で、最も凹みが大きいのはＤだ」と特定することを言っています。

図8　ボトルネックは複数ある

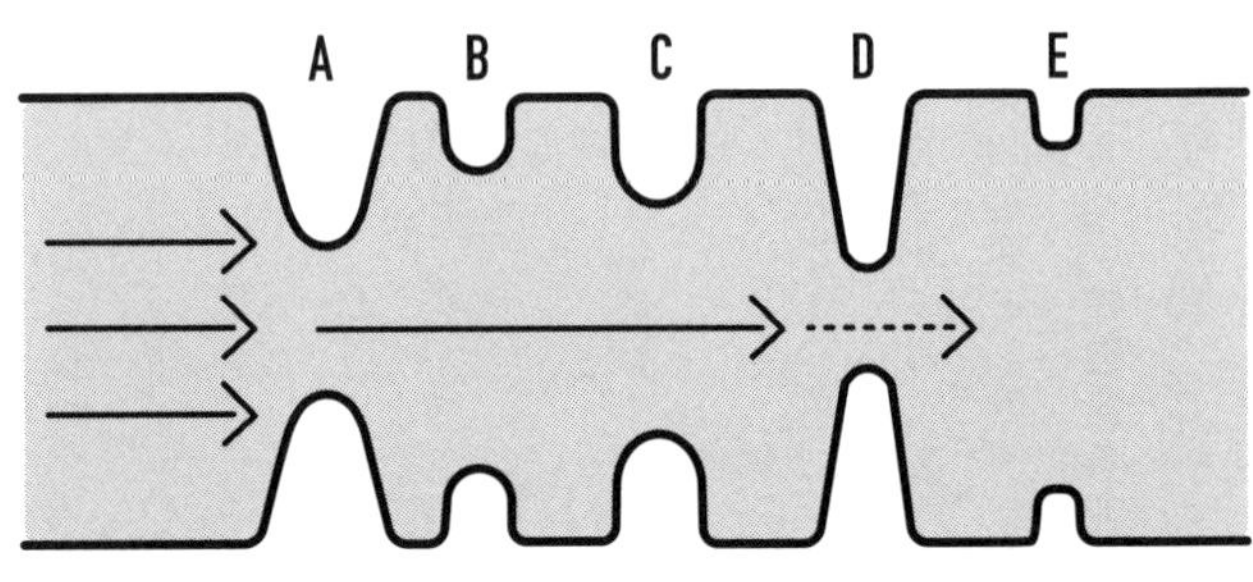


そして、その次の**「KPIを1つに絞るための幹部間での対話が重要」**とあるのは、幹部が集まって、自分たちのビジネスプロセスを「見える化」して、どこが最も凹みが大きいボトルネックなのか、対話をして決めるのが重要だということです。

対話で決めるためには、「見える化」が必要です。自社のビジネスをどのように分割し、それぞれのステップがどのような状態になっているのか「見える化」します。

先ほどの、①集客、②ナーチャリング、③営業、④カスタマーサクセス（CS）のように分割するわけです。そして、どこの組織が弱いのかを定量データと定性の情報を加味してリーダーで対話して特定します。

# ＫＰＩマネジメントの４兄弟

ＫＰＩマネジメントには「4兄弟」がいます。

そもそも会社が目指す**ゴール**が長男で、その目標数値の**ＫＧＩ（Key Goal Indicator）**が次男、ボトルネックである**ＣＳＦ（Critical Success Factor：最重要プロセス）**が三男。そして、ＣＳＦの目標数値である末っ子の四男が**ＫＰＩ（Key Performance Indicator）**です。

ＣＳＦ、つまりボトルネックは、図8でいうとＤの箇所です。組織全体でＤのボトルネック部分を改善していきます。凹みが改善していけば、流れる水の量は増加します。

ここで登場するのが**「ＫＰＩは信号」**です。

信号とは、そのまま道路を進んでよいかどうかを知らせるサインです。

図9　KPIマネジメントの4兄弟

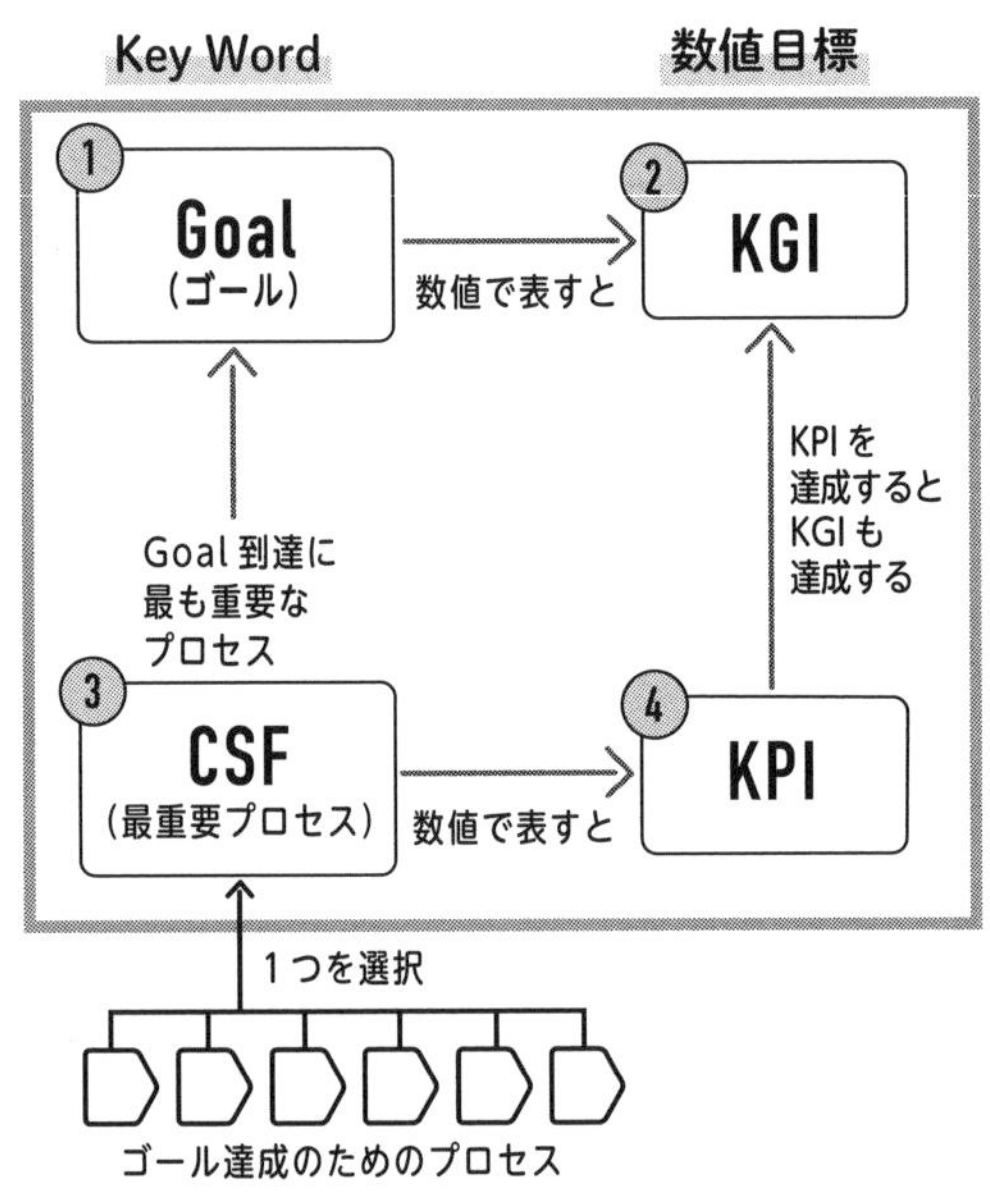


ボトルネックであるDの凹みが、スケジュール通り改善できているかどうかを「見える化」する信号です。

計画通りに凹みが小さくなっていれば信号は青です。このまま進めればOKです。ところが計画よりも遅れてきた場合、つまり黄色や赤になった場合は、善後策を打たないといけません。

それを「見える化」している信号の役目がKPIなのです。

## ボトルネックは常に変動する

現在のボトルネックはDですが、この凹みが順調に改善してきたとします。

すると一番のボトルネックはDではなく、次に凹みが大きいAになるタイミングがあります。つまり、ボトルネックがDからAに変わるのです。

このタイミングになったら、Dの凹みを改善しても全体の水の量は増加しなくなります。最初のボトルネックDの凹みが十分に改善したら、次のボトルネックAの凹みを改善しないといけません。

つまりボトルネックは常に移動します。

**KPIマネジメントは、常に一番弱い所を見つけて、そこを強化し続けるマネジメント手法です。**

これが「最も重要な（弱い）ビジネスプロセスを強化する」「そのプロセスが強くなれば、次を強化する」ということです。

## 誰が何をどう強化するのか？

ちなみに **「強化」** とは具体的に何をすることでしょうか？

図10　各組織がボトルネックを強化させるべく動く

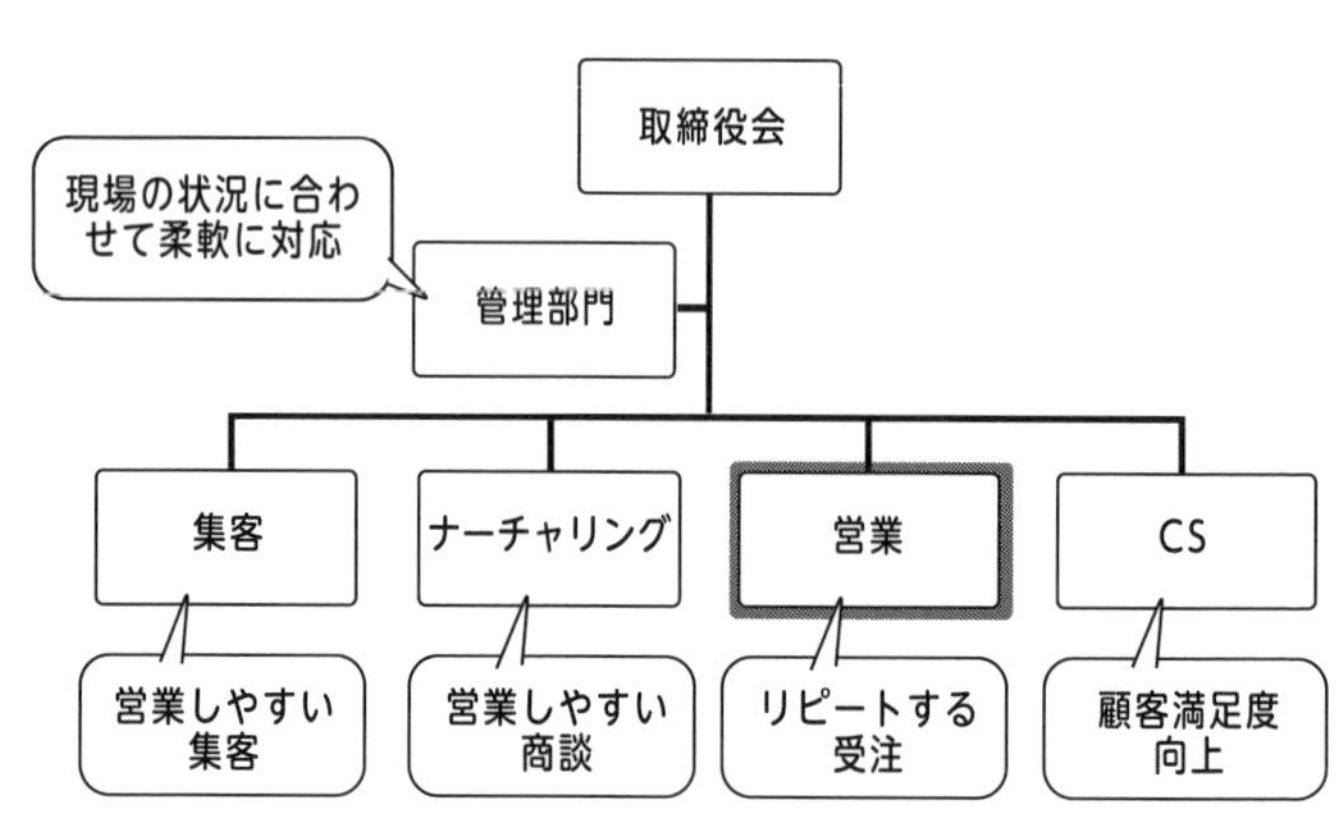


**ボトルネック以外の組織が、ボトルネックの組織を強化すべく支援します。**

例えば、③営業組織がボトルネックである場合、①集客組織は、営業しやすい集客を行い、②ナーチャリング組織は営業しやすい商談を行い、④カスタマーサクセスは、リピート受注しやすいように顧客満足度向上を志向する……という具合です。

これでボトルネックである③営業組織は新規受注もリピート受注もしやすくなるわけです。⑤管理組織も、例えば採用や教育を③営業組織に特化して行います。

**一番弱いボトルネックを組織全体で強化する。**

これが「全体最適」のマネジメントであ

り、ＫＰＩマネジメントでボトルネックを明確化することで、実行できるようになります。

## ボトルネックの特定方法とは？

ちなみに、よく聞かれるのですが、**ボトルネックであるＣＳＦ**を簡単に見つけることはできるのでしょうか？

例えば、組織が上述の①集客、②ナーチャリング、③営業、④カスタマーサクセスのようにビジネスプロセスで分かれている場合、定性情報で見つけることができるケースがあります。

70ページの図8をもう一度見てください。最大のボトルネックであるＤの凹みは、Ａ～Ｅの凹みの中で最も凹んでいる箇所です。これを特定すればよいのです。最も凹んでいるイコール、その組織の生産性が低いということを表しています。

どのような組織の生産性が低いのでしょうか。

**例えばその組織のメンバー情報で分かる可能性があります。**１つは**リーダー**です。

その組織のリーダーが、新しくリーダーになったケース。経験が少ない管理職や異動直後でその業務が分かっていないリーダーが担当する場合、その担当組織の生産性が低いケースが多いはずです。

つまり、その部分がボトルネックである可能性があります。

また**構成メンバー**も同様です。新人や異動者が多い場合、生産性が低い可能性が高いのです。また、契約社員、派遣社員、業務委託社員が多い場合、社員と比較して情報が伝わっていない場合が多いので、生産性が低い可能性が高いのです。

これらの情報からもボトルネックの目途（めど）を立てられるケースがあります。

# 現場の見える化を阻害する「権限移譲」

## 権限移譲のよくある勘違い

リーダーが現場の見える化を阻害することの1つに**「誤った権限移譲」**があります。それは、リーダーも権限移譲されたメンバーも双方ともに「権限移譲」を勘違いしているケースです。

**勘違い①　リーダーは、権限委譲したので、細かいことを聞いてはいけない。**
**勘違い②　権限移譲されたメンバーは、権限移譲されたので、リーダーに報告せずに自由にやってよい。**

ちなみに、リーダーとメンバーのマネジメントスタイル（上司の関与の仕方）は**「委任（権限移譲）」「援助」「コーチ」「指示」**の主に4種類あります。

**最も大事なのは、業務単位でマネジメントスタイルを使い分けることです。大半の人が間違っているのは、「業務単位」ではなく、「人単位」でマネジメントスタイルを決めてしまっている点です。**例えばこの人はベテランだから「委任」、この人は新人だから「指示」と、マネジメントスタイルを決めています。

しかし、ベテラン社員でも初めて取り組む業務は、上司のアドバイスが必要です。逆に新人でも学生時代に経験した業務（例えばプログラミングなど）であれば、必ずしも「指示」はなくても大丈夫です。

それを判別するためのツールが、図11に示す**9BOX（ナインボックス）**です。

9BOXは、モチベーションとスキルの2軸のマトリックスです。横軸にモチベーション（やる気）を高中低で3分割し、縦軸にスキル（コンピテンシー・能力・経験）を高中低で3分割し、合計で9分割された図を準備します。

9つの象限＝箱＝BOXなので9BOXと呼んでいます。

この図を使って、上司とメンバーが、業務ごとに9BOXのどこに当てはまるのか確認します。

例えば、**メンバーが担当する主要業務について、上司とメンバーそれぞれが9BO**

図11 リーダーのマネジメントスタイルを分ける「9BOX」

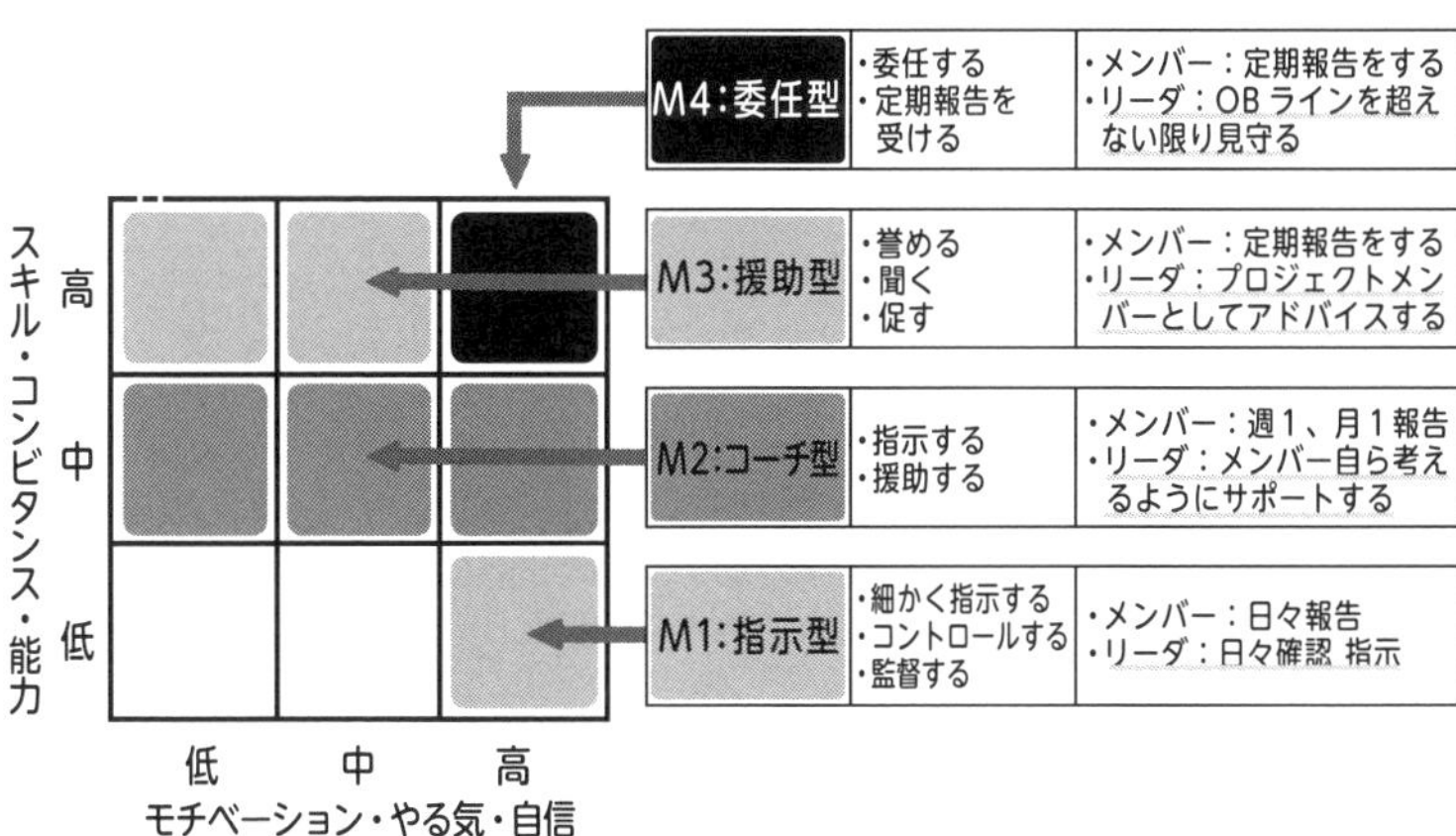


**Xのどこに該当するのか事前に考え、持ち寄ります。**

そして、上司、メンバーが同時に9BOXの該当するBOXを指で指します。上司とメンバーが同じBOXを指させば、ミッションに対する認識が同じであることが分かります。BOXが異なる場合は、認識の差を確認し、すり合わせていきます。

すり合わせる際に、一般的には、モチベーションの軸はメンバー本人の意見を、必要なスキルの軸は上司の意見を優先すると合意がとりやすいと思います。

合意した9BOXにより、適切なマネジメントスタイルが分かります。

**◎やる気を示す横軸は「高」だが、実行に必要な能力を示す縦軸が「低」の場合は「指示」**
**◎実行に必要な能力を示す縦軸が「中」であれば、横軸にかかわらず「コーチ」**
**◎縦軸が「高」で、横軸は「低」「中」の場合は「援助」**
**◎両軸とも「高」を示す場合、つまり本人にやる気もあり、必要な能力・経験も持っている場合は「委任」**

## 正しい「委任」のやり方

「委任」の場合、上司は事前に**ゴール**と**OBゾーン（やってはいけないこと）**を明確にし、それ以外は見守ることがポイントです。

**「委任」の際に誤解が多いのは、委任する側が丸投げしてしまうこと。委任される側も、委任されたのだからと一切報告をしないで手前勝手にできるという誤解が生じがちです。**

これらのコミュニケーションの齟齬（そご）により、後々問題が起きるのです。

では、正しい委任は、どうすればよいでしょうか。

委任する側は、**①ゲームのルール（やってほしいこと）、②OB（やってはいけないこと）、③報告内容、手法、頻度**をすり合わせます。

例えば、権限移譲をゴルフにたとえると、カップにボールを入れる打数を最小にするのがゲームで勝つルールです。そして、OBラインを超えてはいけないなど、やってはいけないことがあります。加えて、ゲームボードを見れば、いつでも状況を把握することができます。これが報告の決まりごとです。

そして、委任される側も、きちんと報告をするようにします。そうすればコミュニケーションの齟齬は起きません。

委任側が、これを意識してうまくいっている事例、また逆にうまくいかなかった事例を紹介しましょう。

## 創業家から経営を委任されたケース

創業家から新社長として権限移譲された方の話です。

新社長は、創業家からかなりの権限を移譲され、自由に経営をされています。実際、新社長は、大きな業態変更を行い、それに伴い業績も大幅に向上させています。

しかし、創業家への報告も怠っていません。これは、権限移譲の話があった際に、創業家と新社長の間で決めたことだそうです。それは、毎日10分でも創業家と直接話をするということです。毎日です。毎日コミュニケーションを行うことで、相互に疑念が起きないようにしているのです。

**1日、たった10分の時間で、疑念や齟齬が起きないのです。**

投資対効果の高い時間の使い方ですよね。

逆に別のケースでは、創業家から新社長を任されて成果も上げたのに、うまくいかなかったということもありました。

新社長は、創業家から権限移譲され、数か月で過去最高の業績を上げました。ところが、創業家と新社長の間で、コミュニケーションについて取り決めをしていませんでした。結果として新社長は、創業社長への連絡を怠ってしまったのです。

創業社長は、業績はよいものの新社長から連絡がないことで、もしかして自分を追い出そうとしているのではないかと疑心暗鬼になったそうです。そして、創業家は、新社長を交代させたのです。新社長の能力への嫉妬（しっと）だったのかもしれません。

**委任した側、委任された側とも、定期的に情報共有をすることを忘れてはいけない**ということですね。

委任する際も、リーダーは、現場が見える状況を作っておかないと、後になって齟齬が起きがちです。

# 「分ける」と「対立」する組織の宿命から逃れるには？

会社の中には組織がいくつかあります。

その組織間に序列があったりすることはないですか？

例えば、「金を稼いでいる営業組織が偉い」「売上が多い○○事業部が偉い」「本社が偉い」「大手担当が偉い」などです。あるいは、学歴や雇用形態などで序列を作っているケースもあります。極端なケースは学閥や派閥があるケースです。

そして、それぞれのグループ間で対立が起きることが少なくありません。営業と開発や製造。大手顧客部隊と中小顧客部隊で開発や製造リソースを取り合う。

部門間で対立するケースです。

**企業内部での対立や争いが起きると、その解決に多くのエネルギーと時間がかかり、顧客など外部にかけられる時間が下がります。**その結果、外部指向性が下がり、短期では顧客満足度も低下し、業績に悪影響が起きます。

また、**中長期で考えると、外部指向性の低下により、イノベーションが起きにくくなるので、さらに業績に悪影響が起きます。**

つまり、内部での対立や争いは、できるだけ避ける必要があります。

この問題に絡んで、3つほどエピソードを紹介します。

## ケース① 会計ルールを「全体最適」にして成功したスーパーマーケットの事例

1つは、ある大手スーパーでのエピソードです。

このスーパーは、高齢者向けのお弁当に注力することにしました。高齢者は料理をすることもおっくうになっているという調査結果が出たので、惣菜(そうざい)部門が主管になり、新弁当を作ります。

ここからがポイントです。

一般のスーパーは、部門別会計を取り入れているので、どうしても「部分最適」になり、惣菜部門はスーパー内の鮮魚、青果、精肉部門と協力しにくいことがあります。

その結果、新弁当を主管する惣菜部門が単独で外部企業と協力し、新弁当を作ることになります。

ところが、この大手スーパーのケースでは、鮮魚、青果、精肉部門が総菜部門と協力したのです。惣菜部門よりも鮮魚部門の方が鮮魚の取り扱いは圧倒的に多いので、鮮魚部門が協力することで、より高品質の鮮魚を低価格で入手できます。これは青果、精肉部門であっても同じです。

他部門の協力のおかげで、安くて美味(おい)しい弁当が実現します。

**「個別最適」であれば協力しない部門同士が協力できたのは、トップである理事長が、協力を要請したことに加えて、会計ルールを「全体最適」で整備したからです。**

協力した部門にも内部売上が立つように設計したのです。これにより、部門間の協力がしやすくなりました。つまり、経営トップの部門間の協働への明確な方針とルール整備により「全体最適」を実現する協働促進ができたのです。

## ケース② 定期的なコミュニケーションで部分最適から全体最適に転換

2つめは、ある会社の2つの技術部門のエピソードです。

この会社では、技術者が2つの部署で働いていました。1つは技術者だけの技術開発部。もう1つは事業部門の中にある事業開発部です。当初は1つの技術組織だったのですが、最先端の技術開発を行う技術開発部と、より事業に近い開発を行う事業開発部に分割したのです。

基本、それぞれの組織が別々に必要な開発を行っています。

しかし、大規模な開発や高難度な開発だと両組織が協力して開発を行います。大規模で高難度なのでトラブルが起きがちです。ところが、トラブルが起きると、両組織のリーダーとも「相手の組織が悪い」と部分最適な主張を行い、大騒ぎになっていたのです。

2人のリーダーには、両組織のための「全体最適」な視点が必要でした。

なぜこのように大騒ぎになるのかをひもといたところ、次のようなことが分かりました。**そもそも、この2人はトラブルの時にしか会わないのです。つまり2人のリーダーが話をするのは、トラブルの時だけでした。**

そこで、トラブルがない時にも2人のリーダーが定期的に話をするようにしました。

経営者が、毎月1回、2人のリーダーでミーティングを持つように指示しました。最初はぎこちなかったのですが、徐々にそれぞれの組織状況の話をしだすようになりました。すると、「全体最適」の観点から、両組織ともトラブルが起きないように、相互に支援しだしたのです。

これにより、トラブルが減ったのはもちろんのこと、トラブルが起きても、2人のリーダーがハブになり、両組織の対立を抑えるようになりました。

つまり、トラブル時だけではなく、平時からコミュニケーションを定期的に行っておくことで、相手の人となりが分かるようになり、視点・視野が高まり、対立を起こしにくい関係性が築けたのです。

## ケース③ 海外部門の強化に伴う新社長選びの明暗

3つめは、2つの会社が、それぞれ、それまでの国内中心から海外中心に戦略変更した際に社長を誰にしたのかというエピソードです。

両社とも新社長は海外売上を大幅に伸ばしたいのですが、国内もきちんと業績は確保し続けたいという全体最適な判断が求められます。その新社長選びの判断が正反対だったのです。２社とも、それぞれ次の経営リーダー候補として、国内部門のリーダーと海外部門のリーダーの２人がいました。

Ａ社は今後海外の売上を伸ばすので、それまで海外部門を担当していたリーダーが社長になりました。一方のＢ社は、正反対の判断をしたのです。国内部門のリーダーを全社の社長にしたのです。

その後どうなったか。

国内部門のリーダーを選んだＢ社の方が圧倒的に業績を伸ばしたのです。

というのは、**Ｂ社の新社長が国内部門のリーダーだったので、国内部門から優秀な人材を海外部門に異動させることができたからです。**一方のＡ社は、海外部門のリーダーだったので、国内部門から海外部門への異動が簡単ではありませんでした。

つまり、Ｂ社は、国内部門と海外部門を融合させる全体最適なマネジメントを実現することに成功したのです。

これらのエピソードから分かるのは、**組織を分割すると「部分最適」志向になりや**

**すく、その結果、対立が起きる**ということです。それを理解したうえで、どうやって「全体最適」なマネジメントを行うか。

それが現場が動くマネジメントの課題となります。

# 第 2 章

# What
## 現場の何を見るのか？

# 第2章まとめ

現在、時代の大きな変化に対応するために、「自律自転する組織」が求められています。これを実現するためには、ミドル（中間管理職）がハブとなるミドル・アップダウン型の組織構造が重要となります。しかし、ミドルは多くの業務を担当しているため、何らかの支援が必要です。具体的には、「ミドルの育成」「現場の見える化」「アップダウンする仕組み」の3つの要素を整備し、支援することが重要です。

残念ながら、現場に丸投げして放任する、「現場を見ない」組織が多く見受けられます。しかし、現場が自律自転するためには、組織全体の目標（ゴール）を揃（そろ）えることが必要条件です。加えて本章で詳述する中尾オリジナルのマネジメント手法「G－POP（ハイパフォーマーの仕事の仕方）」を導入することで、自律自転の促進が可能となります。

また、ハインリッヒの法則から分かるように、現場の「悪い兆し」を早期に把握することも重要です。

# 「トップダウン」と「ボトムアップ」どちらが正解か？

まず、変化が大きな現在、「どのような組織を作りたいのか？」「作る必要があるのか？」ということを考えてみましょう。判断の仕方、情報の流れという観点で組織を考える際、一般的に対比されるのが「トップダウン型」の組織か、「ボトムアップ型」の組織かという議論です。

## 「トップダウン型」と「ボトムアップ型」の違い

トップダウンとは、企業のトップであるリーダーが判断を行い、ボトムである現場に指示することで事業運営を行う方法です。

一方のボトムアップは、トップダウンとは逆に、現場にある程度の権限を与えて、現場の意見やアイデアをトップが汲みとったうえで事業運営を行う方法です。

それぞれメリット、デメリットがあります。

**トップダウンの一番のメリットは、判断の時間が早い点**です。

デメリットは、どうしてもボトムである現場は受け身になり、指示待ちのメンバーが増加します。加えて、上司に判断を仰がないと、自分でやることを決められないので、モチベーションが低下しがちです。

しかもトップの能力に依存するので、業績を上げ続けたトップが交代した際に、新しいトップの判断ミスなどが起きがちで、長期的に業績安定が見込めません。カリスマ経営者が、次の経営者に引導を渡せない話などが該当します。

ボトムアップの場合、現場の意見が事業運営に採用される、つまり、現場の従業員にとって自分たちの意見でやることを決められるので、モチベーションが高くなります。

**ボトムアップのデメリットは、判断の合意形成などに時間がとられることが多い点です。変化が大きい時代に判断に時間がかかるのは致命的です。**

図12　トップダウン・アプローチとボトムアップ・アプローチ

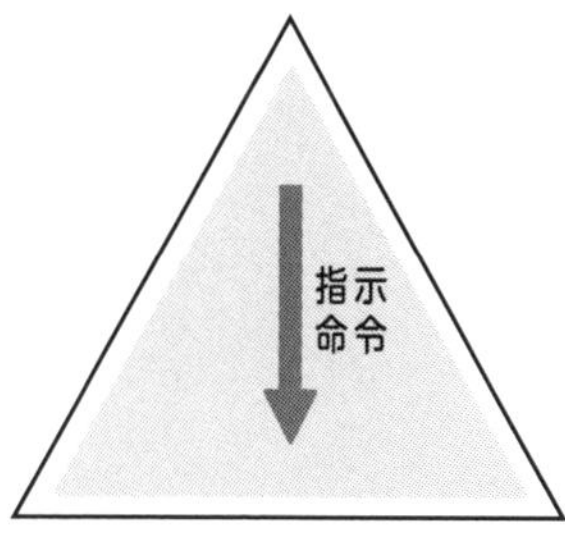

みなさんの組織は、どちらに近いでしょうか？

一般的に、「トップダウン」と「ボトムアップ」どちらがよいのかという議論になるのですが、**トップダウンは、トップの資質に依存するので、長期的な安定感がなく、ボトムアップは、判断に時間がかかるので、瞬発的なスピードがありません。**

変化の大きい現代では、変化を把握するためにも、顧客情報を持っている現場の意見を参考にする必要があります。加えて、変化が大きいので、瞬時に判断することが求められます。つまり、**トップダウンだけでも、ボトムアップだけでもダメ**なのです。

最終的には、トップに判断を仰がなくて

も、（トップの判断の軸が分かっている状態で）現場で判断ができる組織が求められます。

つまり、現場が自分で考えて、自分で行動し、成果を出し、そこから学ぶ、自律自転する人・組織が1つの回答なのです。

## 理想的な組織は「ミドル・アップダウン」

そこで登場するのが**「ミドル・アップダウン」によるマネジメント**です。

ミドル・アップダウンは、トップダウンとボトムアップそれぞれのメリットを活かしつつ、デメリットを弱めることが可能だと言われています。「トップ」はリーダー、「ボトム」は現場のメンバー、「ミドル」は中間管理職を指します。

ミドルである中間管理職が、トップの考えをすばやく現場メンバーに浸透させつつ、現場が把握している顧客情報や、意見、あるいは不満を汲み上げ、トップに伝える役割を担います。

かつて、中間管理職は不要だという議論があった時代もあったのですが、**変化が激しいこの時代には、トップとボトムを上手につなぐことができる「ミドル＝中間管理**

図13　ミドル・アップダウンの組織イメージ

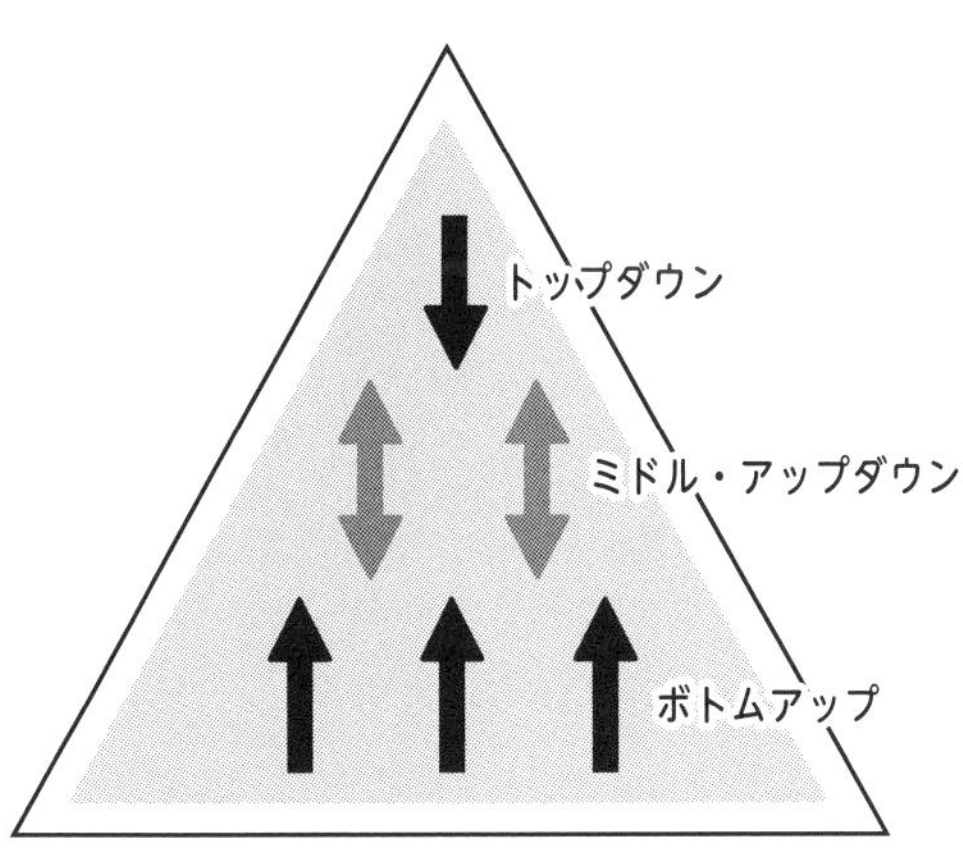


**職」の役割が再度注目されています。**

つまり、「トップダウン」でも「ボトムアップ」でもなく、それらのいいところ取りの「ミドル・アップダウン」が自律自転する組織を作るための1つの最適解なのです。

## 再び注目を浴びている「中間管理職」

しかし、「ミドル・アップダウン」にもデメリットといえる実現が難しいポイントがあります。それは、この**「アップダウン」を行える「ミドル＝中間管理職」が、組織の数だけ必要になる点**です。

最近は、ミドルである中間管理職は、マ

ネジメント業務に加えて、自分自身もプレイヤーであることが少なくありません。

つまりプレイヤー業務、通常のマネジメント業務に加えて、新たに「アップダウン業務」が求められるのです。これを「あなたたち中間管理職の仕事だからやるべきだ」と、押し付けるだけでは何も解決しません。必要なのは次の3つです。

**①中間管理職の育成**
**②現場の見える化**
**③アップダウンする仕組み**

## 新たな「ミドル＝中間管理職」を育成する

私自身もリクルート時代に、この中間管理職の育成と現場の見える化、そしてアップダウン」をする仕組み作りに積極的に取り組んでいました。

まず、育成については、中尾塾という中間管理職育成塾を組織内に作り、次の中間管理職候補を育成し続けました。育成には、一般的には、セミナーや研修形式で知識

図14　中間管理職の育成における2つの要素

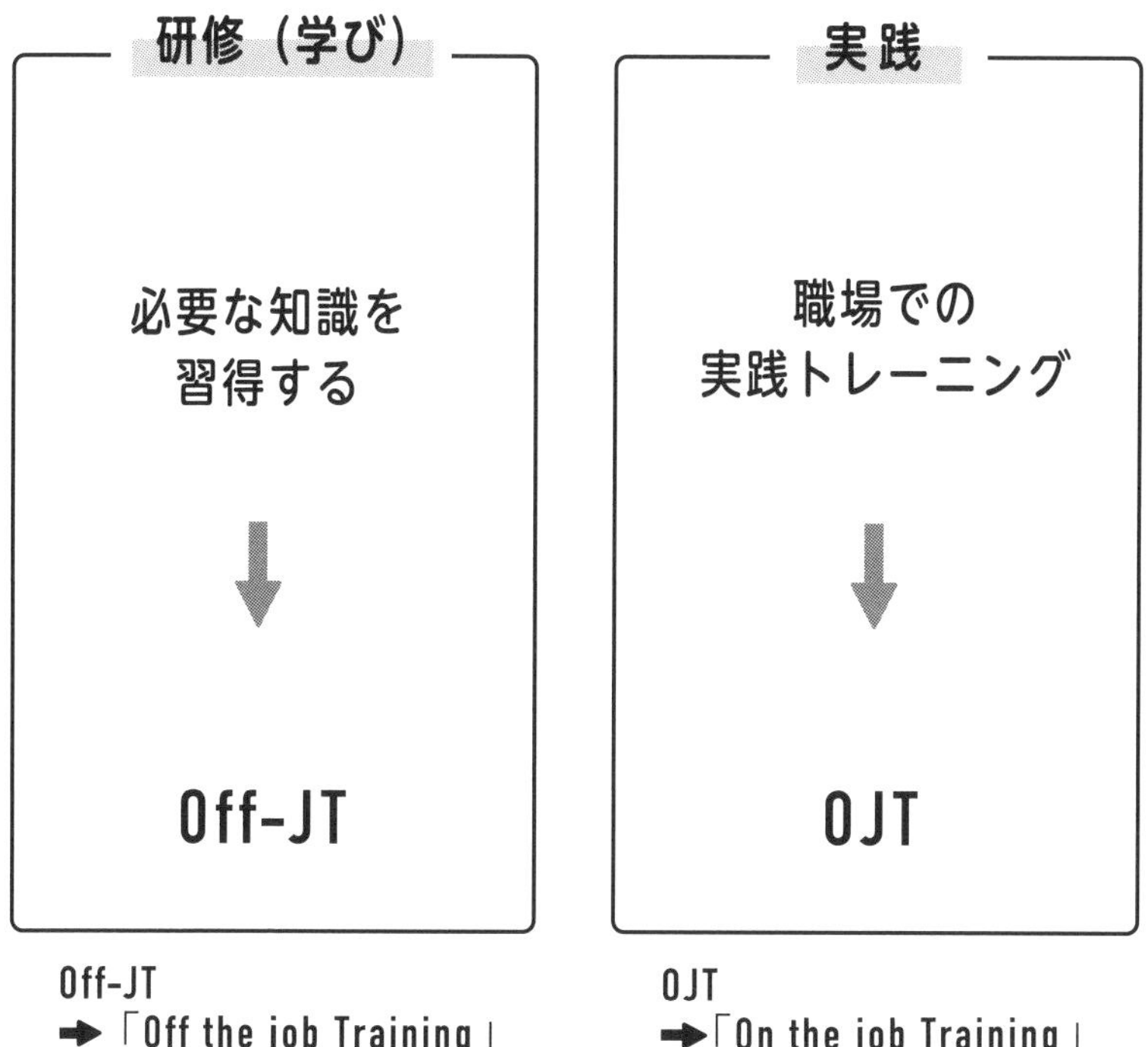


Off-JT
➡「Off the job Training」

OJT
➡「On the job Training」

やスキルを習得するＯｆｆ－ＪＴ（職場外研修）と実際の仕事を通じて知識やスキルを習得させるＯＪＴ（On the Job Training）の２つを組み合わせることが必要です。

なぜ、２つを組み合わせる必要があるのか。

片方のＯｆｆ－ＪＴとして研修やセミナーを実施し、スキル習得を行ったので、「もう現場で実践できますね。頑張ってください！」だけではうまくいかないということです。

**中間管理職のみなさんが、学んだスキルや知識をどのように現場で活用しているのか、それを「見える化」して、必要に応じてＯＪＴで支援する必要があるのです。**

それは、中間管理職が、知識やスキルを習得したからといって、それを実際に現場で実行できるかどうかは分からないからです。

## 「知っている」と「できる」の間にある大きな溝

知識やスキルを習得して、それをいつでもできるようになるには、次の５つのステップがあります。

### 図15　「知っている」と「できる」の大きな壁

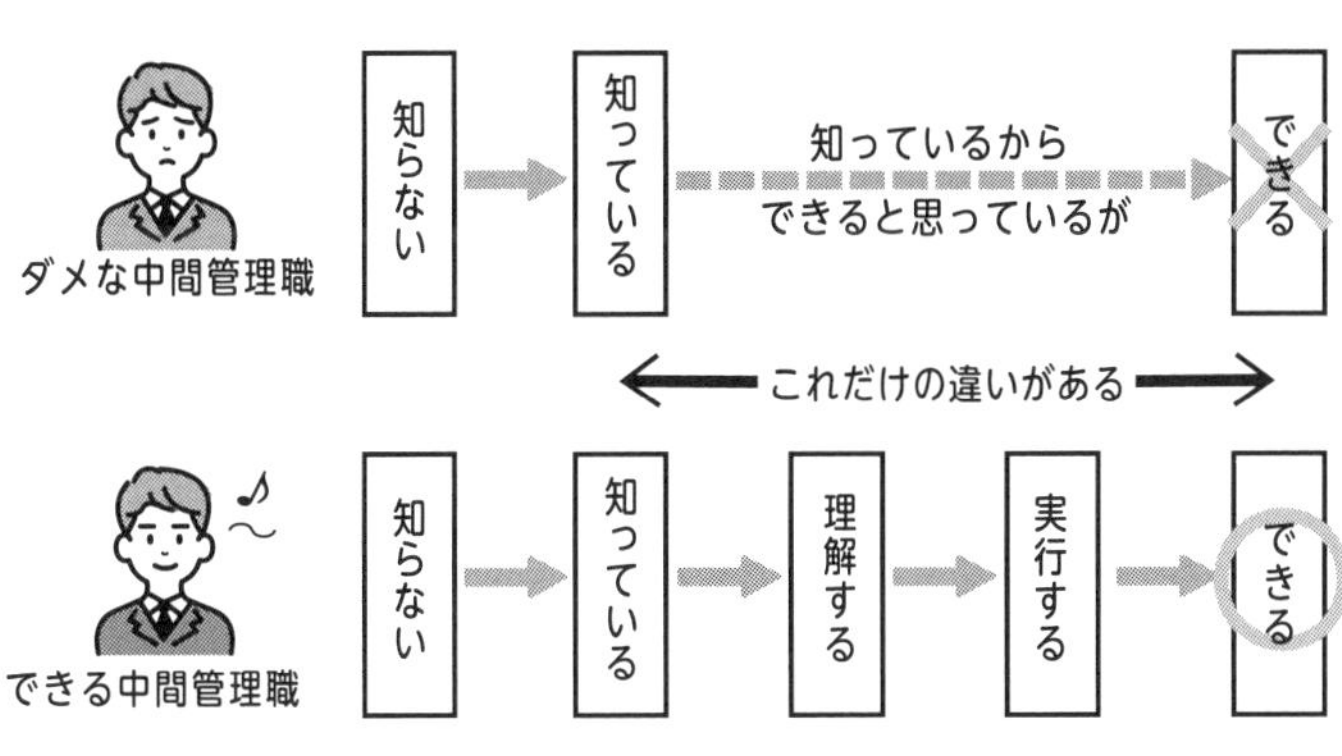


具体的には、**「知らない」→「知っている」→「理解する」→「実行する」→「できる」の5つのステップ**です。

そして、それぞれのステップの間には大きな壁、溝が横たわっています。

例えば、Ｏｆｆ－ＪＴで知識やスキルを習得できたら「知らない」→「知っている」に変わります。しかし、**「知っている」からといって、できるかどうかは分かりません。**

中間管理職が、学んだことや方針を「できる」ようになるために、「理解する」以降を「見える化」して、必要に応じて中間管理職を支援することが、トップや本部機能に求められているのです。

そして、これらを実施してこそ、「現場の意見がトップに伝わり、それを参考にトップが判断し、それを現場に伝え実行する」というミドル・アップダウンのサイクルが回り出します。

もちろん、これにも仕組みが必要です。

これらの中間管理職の育成、現場の見える化、アップダウンする仕組み化を整備して、現場主導の自律自転する人・組織が実現します。

そして、変化の大きい現在では、この自律自転する人・組織を作ることで、安定的に業績を挙げ続けられるようになるのです。

# なぜ、現場を「見える化」する必要があるのか？

「現場の見える化」の話をすると、**「現場を信頼しているので、見える化など必要ない」**あるいは**「現場に権限移譲しているので、現場の見える化を志向するのは、現場に失礼。現場からの信頼を失う」**などという話をするトップや管理部門に出会うことがあります。

現場やミドルである中間管理職を「信頼」し「権限移譲」することはとても重要です。そもそも「信頼」とは、「相手や対象に対し、自分の期待した通りの結果が返ってくることが信じられること」です。中間管理職として「信頼」できる人材を配置するのは、ある意味当然でしょう。

また「権限移譲」とは、上司が持つ業務上の権限を部分的に部下へ委ねることであり、部下の自己裁量で業務を行うことを可能とするマネジメントスタイルの1つです。

つまり、中間管理職を信頼して権限移譲するわけです。

## 現場の「見える化」を拒む人ほど責任逃れをしがち

しかし、だからといって現場の状況を見える化しない理由にはなりません。このように「信頼している」あるいは「権限移譲」していると言いながら、現場を「見える化」していない人に限って、結果が出ないと、その「中間管理職」に対して「信頼を裏切った」と叱責（しっせき）し、自分の責任逃れをする人も少なくありません。

あるいは、何も現場を把握していなかったにもかかわらず、「結果が出なかったのは部下ではなく、私のせいである」というトップも浪花節すぎて、無責任です。

**結果を出すのが組織の最大の目的です。**

**そのためにもトップや管理部門は、「現場を見える化」して、課題があれば、必要に応じて、その解決を支援する必要があります。**

例えば大学受験をしている高校生がいたとします。彼は真面目に勉強に取り組んでいます。親や高校の先生、あるいは予備校の先生から信頼を得ています。

だからといって、テストの結果を共有しなければ周囲はやきもきするし、必要に応じてアドバイスもできません。受験勉強で、受験当日までのプロセスである各種テストの結果を「見える化」し、必要に応じて、周囲がサポートする必要があるのは理解できるはずです。

これとビジネスの現場における「見える化の必要性」はまったく同じです。

つまり「信頼」して「権限移譲」していたとしても、「見える化」するのは何も矛盾しませんし、そもそもその必要があるのです。

# 自律自転している人・組織とは？

ここまで何度か登場している「自律自転」というワードについて改めて解説します。「自律自転」とは、自ら考え・判断・行動し、成果を出し、振り返りから学ぶことです。何度か触れましたが、心理学者のカール・ロジャースは、「人は自分でやることを決められると幸せを感じる」と言っています。

私自身の社会人生活を振り返っても、まさにそうです。

「自律自転」とは、自分でやることを決められている状態です。つまり、職場が「自律自転」できると、みんなが「幸せ」になれるのです。自律自転する人や組織を作り、それを増やすことは、職場で幸せな人を増やすことにほかなりません。

## 自律自転する組織を作るための「必要条件」とは？

この「自律自転」する人や組織を作るには、いくつかの条件があります。

まずは、必要条件です。

それは**組織のゴールをみんなが理解していること**です。

「みんな」とは、組織の幹部は言うに及ばず、中間管理職もメンバーも組織のゴールが全員分かっている状態です。

ゴールとは、旅行でいう目的地です。組織がどこに向かっていくのかが分からないと、当たり前の話ですが、迷ってしまいます。

「そんなの当たり前だ。私の組織では、ゴールが何かは全メンバーが分かっている」という方がいれば、ぜひメンバーに確認してみてください。

ゴールの認識がずれていることに愕然（がくぜん）とするかもしれません。

私は、かつて売上数千億円規模の会社の幹部１００名に、期末まであと3か月を残している状況で、今年度のゴールを確認したことがあります。年度末まであと3か月ですから、幹部の回答は1つになるはずです。

ところが100名の回答が3つに分かれたのです。

**回答①修正目標の営業利益100億円（80名）**
**回答②期初目標の営業利益110億円（17名）**
**回答③来期目標の営業利益110億円（3名）**

あとわずか3か月の期末の状態の企業の幹部でさえ、ゴールが揃っていなかったのです。

ちなみに、回答が3つに分かれたのは、次のような理由でした。

この企業は、期初に110億円の営業利益目標を掲げてスタートしました。しかし、期中に110億円の利益目標は厳しいと判断をして下方修正し、100億円を修正目標としたのです。したがって、回答①の80名は、この「修正目標100億円」が今期のゴールだと回答したのです。

ところが期中に業績が改善し、あと数億円で期初目標の110億を達成できるかどうかになってきました。そこで、回答②の17名は、もう少し頑張って期初目標110億円を達成しようと回答しました。そして、最後の回答③の3名は、今期の修正目標100億円は達成できるので、来期こそ今期に達成できなかった110億円を目指そうと回答したのです。

それぞれの理由は理解できます。

**ところでゴールが異なると具体的に何が問題なのでしょうか？**

例えば期末に向けて1億円の資金がある場合を想定してみてください。

回答②の期初目標110億円をゴールを追いかけている17人の判断は、投資せずに利益確保することで、少しでも110億円に近づけるべきだとなるでしょう。

しかし、回答③の来期110億円をゴールにしている3名であれば、来期のために今期から仕込んでおこうと1億円を投資すべきだと判断するはずです。

回答①の修正目標100億円だといった80名は、是々非々で判断する人が多いはずですが、心情的には③と同じ判断をするのではないでしょうか。

**つまり、ゴールの認識が異なると判断が異なってしまうのです。**

幹部でさえゴールが異なっているのですから、中間管理職やメンバーにおいてはゴールの認識がもっと異なるはずです。その結果、当然、現場での判断が異なり、上司への確認が必要になります。

ゴールが異なっていては、いちいち上司に確認が必要になるため、現場で判断を行う自律自転は難しくなります。ですので、**自律自転する人・組織を作るには、ゴールが揃っていることが必要条件**です。

## 自律自転する組織を作るための「十分条件」とは？

では、十分条件は何か。

それは、**中間管理職や現場が、ゴールに関係する業務をしているのかどうか**です。

ゴールが揃っていたとしても、ゴールに関係しない業務をしていては、ゴールに近づくことはありません。当たり前の話です。

ゴールが分かっているのであれば、誰もが当然ゴールに向かって仕事をしている。

そう考える人も多いかもしれません。だからゴールに関係する業務をしているかどうかなど確認する必要などないと思うかもしれません。

しかし、実際はそうではありません。

現場は、ゴールに関係ない仕事をたくさんしている可能性があります。

例えば簡単な質問をして、あなたがゴールに関係する仕事をしているかどうか確認してみましょう。

**「あなたの仕事上のゴールは何ですか？」**

**「例えば、職場でMBO（目標管理制度）やOKR（能力開発ツール）など、あるいはそれに類似したツールを使っている場合、そこに記載されている内容が、あなたのゴールですね」**

**「そのゴールをどの程度の頻度で確認していますか？」**

**「そして、ゴールを確認して、毎週、毎日の仕事の計画を立てていますか？」**

この質問に対して、イエスであれば、あなたは、ゴールを意識して、ゴールに関係する仕事をしている可能性が高いと言えるでしょう。

しかし、計画だけでは、実際にゴールに関係する仕事をしているかどうかは分かりません。例えば、あなたの来週のスケジューラを見てください。そのスケジューラに入力されているミーティングやタスクが、ゴールに関係するかどうかをチェックしてみてください。スケジューラの大半のミーティングやタスクが、ゴールに関係しているならば、素晴らしいビジネスパーソンだと言えるでしょう。

ところが多くのビジネスパーソンはそうではありません。

**半分程度しか、ゴールに関係ある仕事をしていない人が大半です。**

しかも、さらにゴールに関係ない仕事を増やす邪魔が入るのです。

それは、突発の差し込み仕事です。想定外の仕事が日々降ってくるのです。急な顧客からの問い合わせや上司からの指示などが典型的な差し込み仕事です。

その結果、ゴールを意識して計画を立てていても、突発業務が邪魔をして、ゴールに関係ない仕事をするはめになります。ましてやゴールを意識していなければ、一日の大半がゴールに関係ない仕事をしているかもしれません。

# 現場の状況を把握するためのツール「G－POP®」

現場が自律自転するためには、ゴールを揃えて、ゴールに関係する仕事をしているかどうかを見える化する必要があることに触れてきました。「ゴールを揃える」「ゴールに関係する仕事かどうかを見える化する」という2点含めて、自律自転する人・組織づくりにとって重要な4項目を**G－POP（ジーポップ）**と呼んでいます。

G－POPとは、私がハイパフォーマー（好業績の人・組織）の仕事の仕方から発見した造語です。ハイパフォーマーは、常に**Goal（ゴール）**を意識して、**Pre（事前準備）**に時間を使い、**On（結果）**を評価し、**Post（振り返り）**から学びます。現場が、このG－POPを意識して仕事をすると、自然とハイパフォーマーになっていきます。

G－POPで組織を「見える化」すると、現場はハイパフォーマーになり、経営、本部は現場の状況が見えるようになり、どこを支援すればよいのか簡単に分かるようになります。しかも支援する際も、どの組織がどの課題を上手に解決しているのか「見える化」できているので、支援される組織も、自ら解決策を見つけることができるようになります。

ちなみに、G－POPの話をすると、PDCAとの違いを聞かれることがあります。違いはシンプルです。ゴールの有無が最も違います。

前述の通り**ゴールを常に意識していることが、きわめて重要**なのです。

ちなみにPDCAでもG－PDCAと書いている本もあります。これは、おそらくゴールの重要性が分かっているのでしょう。

G－POPは、左の図16のようなシートで記載します。

次ページよりそれぞれの記載するポイントを説明しましょう。

図16　G-POPシート

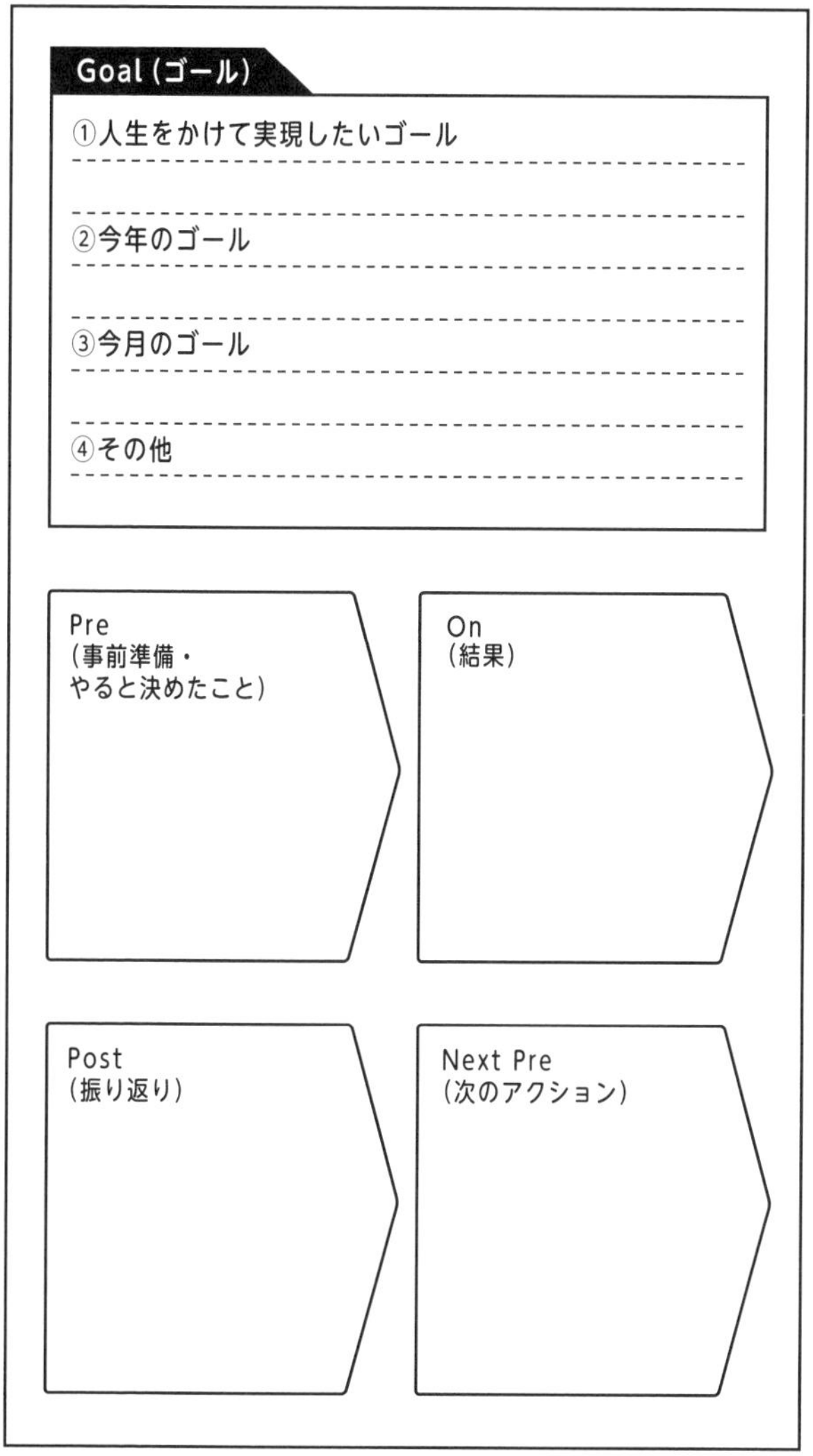

Goal（ゴール）

①人生をかけて実現したいゴール

②今年のゴール

③今月のゴール

④その他

| Pre（事前準備・やると決めたこと） | On（結果） |
| --- | --- |
| Post（振り返り） | Next Pre（次のアクション） |

## 最終的な理想を描くゴール（目的）

ゴールは、４種類記載することを勧めています。

**①人生をかけて実現したいゴール**、**②今年のゴール**、**③今月のゴール**、**④その他のゴール**の４つです。ゴールのうち②③の２つは仕事関係、①④の２つは仕事以外でOKです。ちなみに①～③は時間軸で長い順に人生、今年、今月と整理しています。

それぞれ補足説明します。

### ①人生をかけて実現したいゴール

人生をかけて実現したいゴールは、仕事でも仕事以外でも問題ありません。経営者や起業家は、仕事を通じて実現したいゴールを書くことが多いですね。

もちろん、仕事以外のことを書く方も少なくありません。世界旅行をしたい、健康で家族と仲良く過ごしたいなど。人生をかけて実現したいゴールは、その人のものですから、こうでないといけないというものはありません。

**ゴールが決まっていない場合、無理やり書く必要はありません。ただ、仮にでも書いておくメリットがあります。**それは他の人が、あなたの人生をかけて実現したいゴールを知っていれば、それに関係する情報があれば教えてくれたり、あるいは、仕事関係であれば、その機会をくれる可能性が高まるからです。

あなたのゴールを知らなければ、周囲は支援できません。

しかし、知っていれば、応援することができます。

**②今年のゴール**

**会社から与えられたミッション**などを記載します。念のために上司や関係者と確認しておくことをお勧めします。これまで述べたように関係者間でこのゴールが合致しているのが重要だからです。

**③今月のゴール**

**②の今年のゴールを達成するために、③今月何をするのか**というゴールです。これも上司と確認しておくことが重要です。

ただ、②1年のゴールと③今月のゴールだけだと、イメージがつかないケースがあります。そこで私は、1年間のゴールが確定したら、次に3か月ごと、つまり3か月後、半年後、9か月後のゴールを設定します。そして、直近3か月は月単位にしてゴール設定をしていました。このように、①今年のゴールを分割しておくことをお勧めします。

**④その他**

これは「その他」ですので、何でも構いません。健康、自分の学び、家族との関係などを記載する方が多いですね。ここも記載しておくと、周囲から関連情報がもらえたりするので記載することをお勧めします。

## 1週間単位でPre（事前準備・やると決めたこと）を記載する

G‐POPシートは毎週記載することをお勧めしています。

ですので、Pre（事前準備・やると決めたこと）に記載するのは、1週間のタスクです。Ｐｒｅは**「事前にこの週にこれをやると決めたこと」**を記載します。事前準備です。そして、このＰｒｅ（事前準備）にタスクを書く際には、以下の３つのポイントを押さえてください。

**❶今週（１週間）でできる仕事量を記載する**
**❷達成基準を明記する**
**❸ゴール①〜④のどれと関連するのかを明記する**

❶❷は次のＯｎ（結果）で評価できるようにするためです。

例えば、Ｐｒｅ（事前準備）に「〇〇プロジェクト業務を行う」と記載したとします。〇〇プロジェクトは１週間で終わるものではないとするならば、この業務を評価することはできません。ですので、〇〇プロジェクトの業務の中で、今週実施予定のタスクを記載します。

例えば、「予算計画を作成し、プロジェクト会議（〇月〇日）で承認を得る」などです。これならば「❶１週間でできる仕事量」であり、「❷達成基準＝会議で承認」も明確です。

またポイント❸は、今週実施するタスクが5つあったとします。その5つの通し番号の横に、関係するゴール①〜④を記載しておきます。

例えば、こんな具合です。

**1 ③：予算計画を作成し、プロジェクト会議（○月○日）で承認を得る**
**2 ③：関係者にプロジェクトのゴールを再確認し、合意を得る**
**3 ②：プロジェクトのリスクを洗い出し、上記会議に報告をする**
**4 ③：プロジェクトマネジメント研修に参加し、卒業認定を受ける**
**5 ④：週に3回ジムに行き、体調維持する**

すると今週は「③今月のゴール関係」の業務が多く、「②今年のゴール」「④その他のゴール」関係の業務も行ったことが分かります。

私たちは一般的に、目の前の仕事を中心に行う傾向があり、どうしても短期志向に陥りやすいものです。したがって、**「①人生をかけて実現したいゴール」**は、重要度は高いのですが、緊急度は高くありません。

しかし、これに関係するタスクをしないと、そのゴールに近づくことはありません。1〜2週間の間、ゴール①②の業務をしていないことがあってもよいのですが、それが続く場合は注意信号です。

意識的に①の業務をすることを「見える化」しておくとよいでしょう。

これはコヴィー博士の著書『7つの習慣』の第4の習慣に書かれている話と同じです。**重要度が高く、緊急度が低い第二領域のタスク**（**博士は〝大きな石〟と呼んでいます**）**を先にスケジュールに書き込むこと。これこそが「①人生をかけて実現したいゴール」を達成する秘訣**なのです。

## On（結果）はすべて「○」であるのが理想

On（結果）には、Pre（事前準備・やると決めたこと）の結果を記載します。加えて、感覚でよいので◎○△×と評価を記載すると、今週がどのような週だったのかが一目で分かるのでお勧めします。

**むろん、基本すべての項目が○あるいは◎になるのがよい週です。**

この話をすると、「全部◎○になるのは、想定したタスクが簡単あるいは少なすぎるのではないか。成長のためには、△や×になるのが望ましいのではないか」という意見をもらうことがあります。

これも一理あります。

アメリカのテック系の会社が、メンバーの能力開発のために活用しているＯＫＲ(Objectives and Key Results)などは、70％程度の達成率がよいと言われています。これは、１００％の達成を目指すと、どうしても達成できるように低めの目標になるからです。しかし、ＯＫＲは長期間（3年間や5年間、あるいはそれ以上）での能力開発を促進するツールです。目的が異なるのです。

私がすべて○になるのをお勧めしているのは、次の３つの理由があります。

**①チームにおける生産性向上**

仕事は自分１人ではなくチームで関わっています。今週あなたがやったタスクを誰かに渡して、続けてタスクをしてもらうことが多いと思います。

つまり、あなたが予定通りにタスクが終了しないと、後工程の人のタスクがスタートできず、待ち時間が生じます。つまり、個人での生産性だけではなく、チーム、組織の生産性を下げることになるのです。すべてが○であれば、そのタスクを、次の人に渡すことができて、スムーズに仕事が進むわけです。

### ②仕事量が把握できる

もう1つは、**自分が1週間でできる仕事量**が把握できます。

これはとても重要です。△や×があってもよいと思っている人は、仕事の量とそれに必要な工数（時間）を正確に見積もれません。自分の能力を過剰に評価しているケースが多いのです。

ところがすべて○を目指すと、否応なしに自分の1週間の仕事量を把握できます。安定的に「すべて○」ができるようになれば、徐々に負荷を増やしたり、難易度を上げることで、自分、あるいは組織のキャパシティを高めることができます。

### ③組織の問題点が浮き彫りになる

最後の3つめは、組織の問題点が浮き彫りになります。メンバー全員が「すべて○」を担っている時に、何かそれを阻害することが起きると「すべて○」でなくなります。

その理由は、トラブル対応や顧客、上司からの想定外の差し込み仕事だったりします。ところが、**いつも「すべて○」でない組織だと、この変化に気づきにくくなります。**これらのトラブルは個人で対応できないものも少なくありません。組織で取り組むべき内容が多いのです。組織で、これらのトラブルをどうやって予防できるか考えるきっかけにもなります。

## よい結果の場合のＰｏｓｔ（振り返り）

振り返りは、Ｐｒｅ（事前準備・やると決めたこと）とＯｎ（結果）を比較して実施します。その際には、△や×といった悪い結果だけではなく、○◎といったよい結果も振り返ります。

よい結果の場合は、なぜよい結果が得られたのかを「振り返り」ます。

**これを振り返っておくことで、類似のタスクをする際に成功する確率、つまり再現性を高めることができるようになります。**

一般的に再現性を高めるよい結果の場合、関係者とゴールが共有できていたこと、Ｐｒｅ（事前準備・やると決めたこと）をきちんとできていたケースが大半です。つまりＧ－ＰＯＰのＧ－Ｐをきちんとやっていたケースです。これを再確認し、類似のケースでもＧ－Ｐをきちんとすれば、仕事の成功確率が高まります。

## 悪い結果の場合のＰｏｓｔ（振り返り）

同じく、△や×といった悪い結果の場合も、振り返りは、Ｐｒｅ（事前準備：やると決めたこと）とＯｎ（結果）を比較して実施します。

**再発防止が必要な悪い結果の場合は、次回は類似のタスクを実施する場合に、うまくいくにはどうしたらよいかを振り返ります。具体的には、悪い結果が起きないように「予防策」を検討します。**

加えて、悪い結果が出た場合には、リカバリーする「発生時対策」を検討します。

悪い結果が起きるかもしれないというリスクを「予防策」と「発生時対策」でサンドウィッチすることで、リスクをコントロールし、再発を防止するのです。

一般的に悪い結果の場合、よい結果の場合と反対で、関係者とゴールが共有できておらず、Ｐｒｅ（事前準備・やると決めたこと）がきちんとできていなかったケースが多いです。加えて、上述のトラブルや急な差し込み業務の影響などがあります。これらを明確にして、再発防止策を練るのです。

また、悪い結果を振り返る場合に、〇〇さんのせいでうまくいかなかったという犯人探しになるケースや、〇〇さんも頑張ったので仕方ないと、思考停止となるケースが少なくありません。

例えば、〇〇さんの注意不足だった場合、その人に原因を求めて、その人に、意識を高めてもらうなどという再発防止策を講じるケースがあります。しかし、これでは、再発防止策になりません。**そのような人をその業務にアサイン（配置）する自組織の弱さが原因だと考えて、どうするのかを検討しないと再発してしまうからです。**

**Ｇ－ＰＯＰにおけるＰｏｓｔ（振り返り）では、これらの反省や叱責は不要です。人ではなく、仕組みやコトに向き合い、再発防止策を検討するようにします。**

# 現場の悪い兆しを把握する

**ハインリッヒの法則**をご存じでしょうか。

アメリカの損害保険の安全技師であったＨ・Ｗ・ハインリッヒが、ある工場で起きた数千件の労働災害を統計学的に調査し、１９３１年に著書『Industrial Accident Prevention-A Scientific Approach』にまとめた事故の発生についての経験則です。

**1件の重大事故の背後には、重大事故に至らなかった29件の軽微な事故が隠れており、さらにその背後には事故寸前だった300件の異常、いわゆるヒヤリハット（ヒヤリとしたりハッとしたりする危険な状態）が隠れている**というものです。

だから別名**ヒヤリハットの法則**、あるいは数字の比率をとって**「1：29：300の法則」**とも呼ばれます。

現在では、このハインリッヒの法則は、工場だけではなく、さまざまなビジネスシ

図17　ハインリッヒの法則

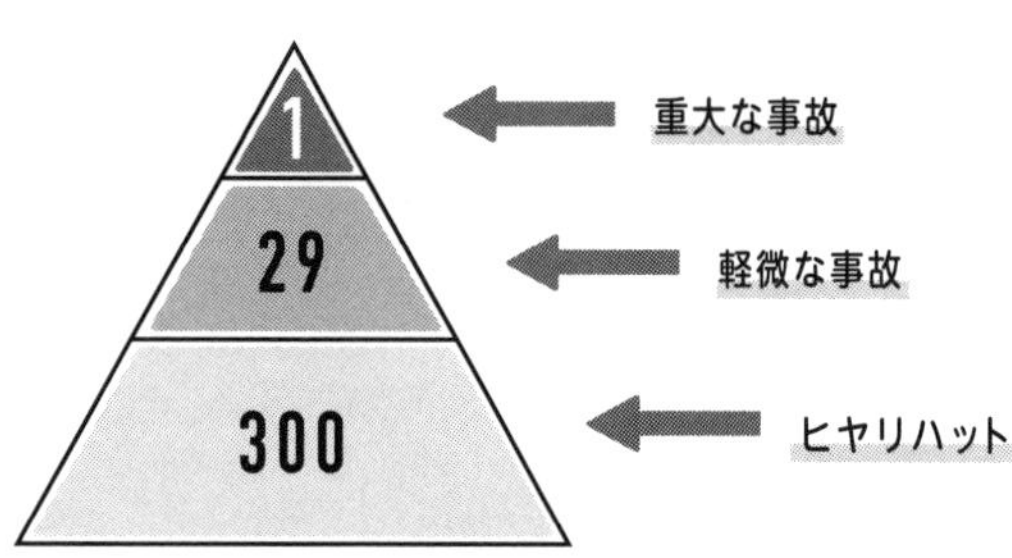


ーンで活用されています。

経営危機レベルのコンプライアンス違反の重大事案が起きる前には、不祥事の芽となる300件のヒヤリハットがあったというケース。

つまり、**「顧客からの1件の小さなクレームが寄せられたなら、その背後には同様の不満を持っている多数の顧客が存在していて、それを放置すると重大クレームになり、顧客の離反が起きる」**ということが考えられるのです。

ハインリッヒの法則を活用することは、どのような職場でも重要です。

ではどうやって、現場で起きたヒヤリハットを収集するのでしょうか。

私は、現場から**「悪い兆し」と「よい兆し」**を収集することで、この仕組みを作り続けています。

現場のメンバーは、失敗する前の「悪い兆し」つまりヒヤリハットを把握しています。その「悪い兆し」をリーダーに報告する仕組みを整備すればよいのです。

まずは**「悪い兆しを感じたら報告してほしい」**とメンバーに伝えることから始めます。上述のG‐POPを導入しているのであれば、そこに必ず記載することを求めるのです。

「悪い兆し」の段階であれば、まだ時間があり、それを解決するための打ち手も多いでしょう。悪い兆しを見逃して、悪い事態になってしまうと、解決までの時間も短く、人や金を投入することでしか、解決ができなくなります。

私が収集している悪い兆しは、主に2つ。

**「メンバーの退職する兆し」「顧客が取引を止める・減らす兆し」**です。

前者であれば、例えば勤怠の乱れ、会社の愚痴などの情報です。後者であれば、例えば今まで簡単にアポイントが取れた顧客が取れなくなった、態度がそっけなくなったなどです。

これら悪い兆しがあれば、誰が、どうやって事実関係を把握するのかを決めて、すぐに手を打ちます。これらにより、悪い兆しが悪い事態になるのを防ぐことができるからです。

**現場から「悪い兆し」が報告された場合、一次対応にはちょっとしたコツがあります。それは「必ず感謝を伝えること」です。**

ここで叱責する、あるいは「そんなことは自分で解決しろ」といったリアクションを行うと、二度と「悪い兆し」が上がって来なくなります。そうするとハインリッヒの法則に従い、知らないうちに大きなトラブルが起きることになります。

「悪い兆し」が上がってきた場合は怒らないのですが、**「悪い兆し」が挙がって来ずに「悪いこと」が起きた場合は、なぜ「悪い兆し」が上がって来なかったのかを徹底的に追及します。**

つまり、現場に「悪い兆し」を上げてほしいという情報が伝わっていないのか、逆に現場が挙げた「悪い兆し」がどこかで止まっているのか、情報を流すパイプのどこに齟齬があるのかを把握し、パイプの詰まりを解消することが重要です。

# 第3章

# How
# どうやって現場を見るのか？

# 第3章まとめ

本章では「どうやって現場を把握するか」の具体的な方法を紹介します。日報、月報、業務レポート（ロングミーティング）、ウォークアラウンド、仮説検証型ウォークアラウンド、チーム会、１on１、グループコーチング、ＣＲＭ、ＳＦＡ、ＭＡなど数多くの手法をご紹介します。

加えて、リクルートグループの「何もしないのに現場が見える仕組み」を紹介します。

最近はさまざまな支援ツールもあるので、自社の状況に合わせて組み合わせるのがよいでしょう。ポイントは、経営陣や上司や本部組織から現場がしっかり見られるかどうかです。

# 現場を正しく把握するには？

組織における現場を正しく把握する手法はさまざまあります。

例えば、**日報**や**週報**、あるいは**月報**などを実施している会社もあるでしょう。中間管理職が定期的に報告する会社もあるかもしれません。中間管理職が現場を回りながら何が起きているのかを把握する**ウォークアラウンド**なども有効です。**チーム会**や**課会**、あるいは**1on1**などでも現場を把握することができます。

また、私がお勧めしている**GC（グループコーチング）**も有効です。セールスフォースなどに代表される**CRM**、**SFA**、**MAツール**もうまく活用できると効果を発揮します。

本章では、それぞれの方法のメリットやデメリットなどについてまとめておきたいと思います。その際に、直属の上司が現場を把握する方法も重要なのですが、上司の上司や本部スタッフが現場を見られるかどうかも重要です。

すべての管理職（≒上司）に十分なスキルがあり、配下のメンバーの関係が良好であるのは稀（まれ）です。スキル不足な管理職を支援する、あるいは、直属の上司との関係性が良好でないメンバーを支援するために、上司の上司や本部スタッフが現場の状況を把握している必要があります。

自社、自組織の目的と状況に合わせて最適な手法を選ぶ、あるいは組み合わせるとよいでしょう。

# 現場を正しく把握する手法①

## 日報・月報

日報は、日々の業務内容を上司やチームメンバーに報告する書類のことです。同じく週の業務内容を報告する場合は、週報、1か月の報告をする場合は月報と言います。

上手に活用すると、日報などを書く本人にも、上司にも、そしてチームにもさまざまなメリットがあります。

**本人にとっては、振り返りの習慣ができ、明日からの仕事に活かすことができます。上司にとっては、チームの進捗状況を把握でき、必要に応じて助言・サポートを行うことで、業務遂行を支援できます。**

また、チームとしても、相互の業務理解が促進し、コミュニケーションが活性化し、そしてノウハウの蓄積やナレッジマネジメント（個人の持つ知識やノウハウを組織全体で共有して生かす）に役立ちます。

かつては、これら日報などは紙で記載する、あるいはWORDなどの文書作成ソフトに記載する形が主流でした。しかし、現在はさまざまな日報管理ツールがあり、役立つテンプレートも準備されていて、記載も簡易になり、便利になっています。

工数（時間）の予実（予定と実績）を管理するツールなどもあります。メンバーは、朝（あるいは前日の帰宅前）に当日の予定と必要工数を入力し、帰宅前にその結果を入力します。すると工数の予実差が分かります。

この工数の予実差の情報があると、業務設計をする際に必要な工数を計算するのに役立ちます。必要工数が不足していることが分かれば、事前にマンパワーを調達できるので、その業務の成功確率も高まります。

一方で、データ入力するメンバーがメリットを感じられず、「記載するのに時間がかかる」「何のためにやっているのか分からない」などというデメリットの声も少なくありません。

日報などを書く対象として、全チームメンバーを対象にするのではなく、新人や異動者などが一定期間だけ実施するようなケースも少なくありません。ただし、これでは前述のチームでのメリットを享受することもできません。

また、上司にとってもメンバーの数が多くて、目を通す時間が足りないという話もよく聞こえてきます。さまざまな日報ツールでは、上司をサポートする機能もあるのですが、うまくいっていないケースも散見されます。

## 日報を成功させるポイント

ポイントは**日報を記載するメンバーにメリットがあるかどうか**です。

例えば、前章で説明したG－POPはハイパフォーマーの仕事の仕方です。つまり、日報などのフォーマットをG－POP項目にすれば、記載を継続するとメンバー本人の仕事ができるようになるので、メリットを感じられます。例えば、このような簡単な工夫をするだけで、日報などの運用がうまくいくのです。

加えて、**日報を書く時間に上限を定めておくのも、重要なポイントです**。

例えば10分以内、あるいは5分以内に記載するという時間の目安を決めておくとよいでしょう。これは日報の記載に限りません。どれくらいの時間を掛けるのかという**標準工数（時間）**を作っておくのが重要です。

例えば営業利益率50％を超える高収益企業のキーエンスは、前年の売上総利益を前年の従業員の総労働時間で割り、**「1時間あたり、どれくらいの利益を生み出す必要があるのか」**という**「時間チャージ」**を従業員に開示しています。

この時間チャージを知っていれば、メンバーは、1時間にいくらの利益を上げないといけないのかが理解できます。当然、日報にどれくらいの時間をかけてよいのかおのずと想像ができるはずです。また、その時間をさらに短くしていこうとも考えるはずです。

しかし、一般的には、書く内容を上司によく見せようと、ただの日報であっても多くの時間を掛ける人が少なくありません。

**日本人は「労働時間がコストである」という認識がとても低いです。**もし、みなさんの会社が日報などを運用していて、「〇分以内に記載する」という共通認識がないとすれば、この「労働時間はコストだ」という意識が低いと言えるでしょう。

# 現場を正しく把握する手法②

## 業務レポート

多くの企業で、定期的に業務の進捗状況をレポート形式で報告する場を設けています。例えば、後述するチーム会や課会、あるいは部会や役員会で定期的に業務報告を行っています。目的はさまざまで、組織を超えて業務の理解促進をする、あるいは課題を洗い出し、その解決を行うなどがあります。

様々な方法があるなかで、私がリクルート時代に実施していた組織全体で業務レポートを作成し、振り返りに活用していた方法（当時はロングミーティングと呼んでいました。以下ＬＭ）がきわめて有効なのでご紹介します。

当時のリクルートは半年を評価期間にしていました。具体的には4月〜9月と10月〜翌年の3月の半年間です。ＬＭはそれぞれの半年の最終月末、具体的には9月末と3月末に実施します。

ＬＭでは、図18のフォーマットに従って、組織内の主要ミッション（業務）について振り返りを行います。取り上げる主要ミッションは、成功したミッションも、継続中のミッションも、そして失敗したミッションもすべて振り返ります。

**ここでポイントとなるのが、継続中のミッション、失敗したミッションも振り返る点です。**組織内で成功事例を紹介して振り返り、いわゆるナレッジマネジメントや表彰制度があるところは多いと思います。しかし、失敗事例含めて、すべて振り返る組織は決して多くありません。

**成功事例からも学びは多いのですが、失敗事例からは、より多くの学びがあります。成功は偶然もありますが、失敗は、原理原則を外した必然のケースが多いので、失敗からの学びの方が多いからです。**ですので、成功、継続、失敗にかかわらず、すべての主要ミッションを振り返ることに価値があるのです。

主要ミッションを担当したリーダーは、図18のフォーマットに必要事項を記載し、必要に応じて関係資料などのリンクを貼ります。

具体的な記載項目は、ミッションのタイトルに加えて、以下のポイントを記載します。

## 図18　ロングミーティングの資料フォーマット

事前作業：

以下のフォーマットにプレゼン者は事前（○月○日まで）に必要事項を記入します
※今から準備しておく事をお勧めします。
>タイトルの後ろに：ステータス（終了／継続）のどちらかを明記下さい

**タイトル：●●●●●●／（終了／継続）**

リーダー：●●●●　関係者：●●●●　フォーマット記載者：●●●●●

| | | |
|---|---|---|
| | ①実施の目的はどのようなものだったのか？ | ②当初の計画・達成基準はどのようなものだったのか？ |
| 目的 | | |
| | ③プロセスの工夫はどのようなものだったのか？（例：どのようなメンバー、会議体、進捗管理で進めたのか） | |
| アプローチ | | |
| | ④（定量、定性の）成果はどのようなものなのか？　※右側セルに成果物等を添付 | |
| 定量 | | |
| 定性 | | |
| | ⑤残課題または今後の課題 | |
| 概要 | | |
| | ⑥他メンバーに共有すべきポイント：業務遂行上で知っておくと良いポイント | |
| 共有ポイント | | |

事前閲覧して、質問等があれば　氏名：質問事項の順番で記載下さい

**①目的**
**②計画と達成基準**
**③プロセスの工夫**
**④定量・定性の成果**
**⑤残課題**
**⑥他メンバーに共有すべきポイント**

各リーダーは、この資料をＬＭの1週間前にまで全メンバーが見られるところに掲示します。そして、他チームのリーダーは、ＬＭ前日までに資料を閲覧し、コメントや質問を残します。資料を作成したリーダーは、質問に対してもできる限り回答をします。ＬＭまでの、この一連のやり取り、参加者が資料閲覧を行い、質疑応答しておくことで、ＬＭ当日の対話の質が向上するのです。

ＬＭ当日は、**1つの案件につきプレゼン5分前後、質疑応答5分前後**で実施します。こうすることで、多くの主要ミッションの現状把握をテンポよく、コンパクトに実施することができます。

## ロングミーティングが生み出すさまざまな効果

このＬＭを実施すると、さまざまな効果があります。

**まずメンバー一人ひとりにとって、組織内にどのようなミッションがあり、それを誰がどのように進めていて、どのような課題があるのかが理解できます。**そうすると、メンバー自身のキャリアを検討する時に、今後どのようなミッションを担いたいのかを考えるきっかけになるのです。

組織としては、主要ミッションが共有されることで、組織内のチームやグループを超えて、主要ミッションについての理解が進み、組織の部分最適化やサイロ化を防ぐことができ、またナレッジマネジメントも促進できます。

**経営メンバーや管理職としては、すべてのミッションの状況が横比較で分かるのがメリットです。**これは人事評価・査定、プロジェクト評価をするのに役立つので、とても便利です。誰が本当に成果に貢献したのか一目瞭然（いちもくりょうぜん）になるのです。

図19　業務ナレッジが進化するロジック

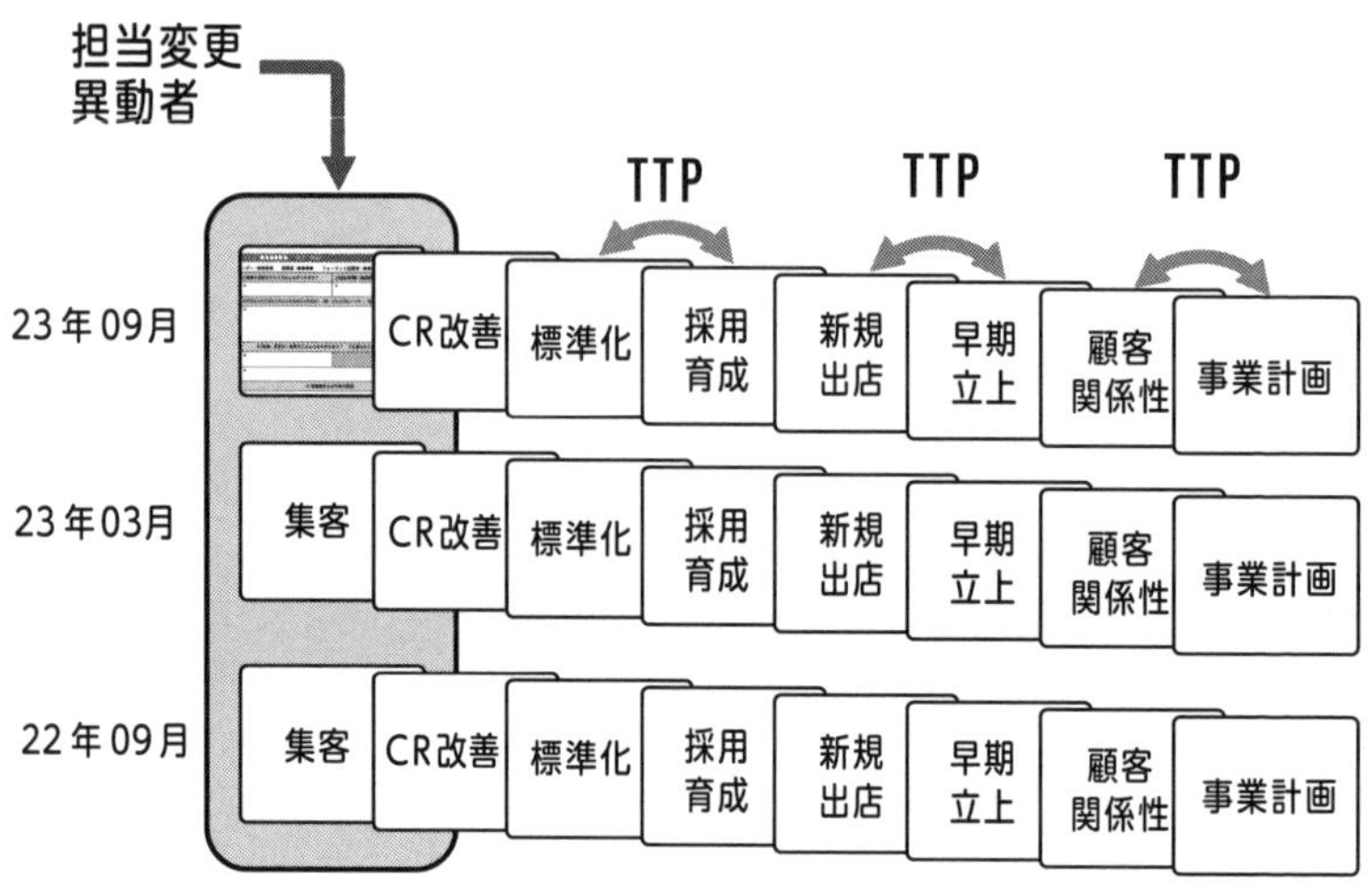


このＬＭを半年ごとに継続し続けると、組織が変わる、あるいは異動者や新人が組織に配属された時の引き継ぎにも役立ちます。

自分自身が異動する際に、後任者に担当するミッションについての半年ごとのＬＭ資料を見せると、流れが理解でき、簡単に引き継ぎができるようになります。

# 現場を正しく把握する手法③

## ウォークアラウンド

**ウォークアラウンド**は、直訳すると「①特定の目標のない散歩、②何かの周りを歩く、③ランダムに歩く」と出てきます。**ここでのウォークアラウンドは、現場の状況を把握するOJT（On the Job Training）の手法の1つです。**

具体的には、リーダーが職場を歩いて回りながら、メンバーと対話し、現場で起きていることを把握する方法です。リーダーが、一見して他愛もない雑談をしているように見える場合もあるのですが、実は重要な現場の情報を収集し、必要に応じてアドバイスしているのです。

別の表現をすると**三現主義**です。3つの「現」とは、**「現地」「現物」「現実」**のことです。三現を把握し、必要に応じてメンバーを支援するために実際にその場に足を運んで確認するマネジメント手法です。しかし、オンラインで仕事をするメンバーが増えると、このウォークアラウンドは機能しづらくなります。

## 仮説検証型ウォークアラウンド

そこで有効なのが、私が開発した**「仮説検証型ウォークアラウンド」**です。「ウォークアラウンド」の前に「仮説検証型」という言葉が付いています。私がリクルート時代に6年間担当したスーモカウンターという組織は、全国に店舗がありました。つまり、同じ職場にすべてのメンバーがいるわけではありません。全国にある店舗に対して優先順位を決めずに、やみくもに回っても、現場で起きていることは何も分かりません。分かったとしても効率が悪すぎます。

そこで「仮説検証型ウォークアラウンド」を導入しました。

例えば、定量データと定性情報から、まずは**現場で起きていることについての仮説**を立てます。具体的には、**各組織のKPI数値の変化**を毎週確認します。いつも成績のよい組織が悪くなった。逆に悪い組織がよくなったなどという「変化」に着目します。

図20　仮説検証型ウォークアラウンド

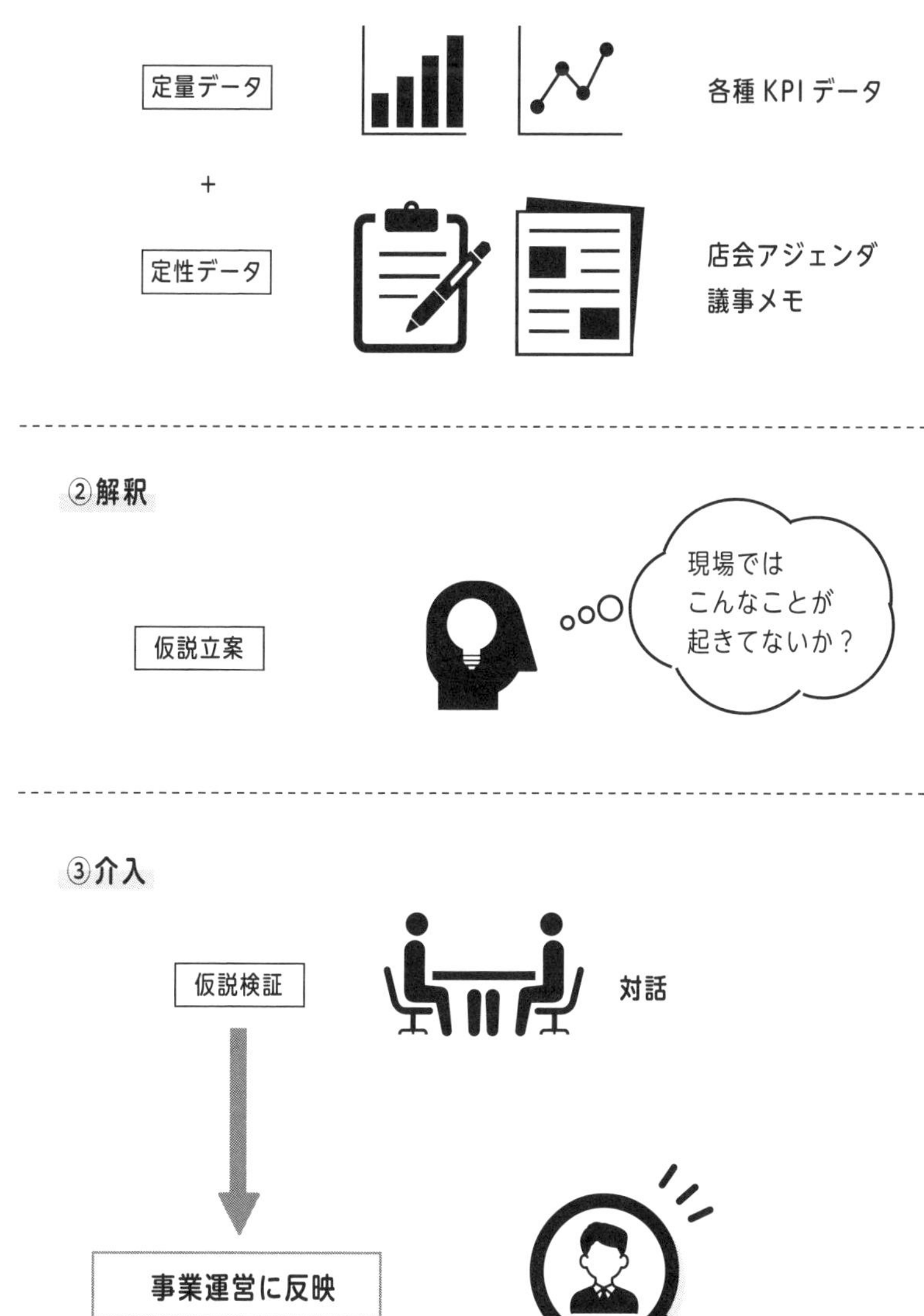

そして、その変化は、特定の個人の変化に起因するのか、組織全体に起因するのかを確認します。加えて、定性情報として、各組織の会議のアジェンダや議事メモを確認します。つまり、定量の変化と定性の情報で、現場で起きていることが想像でき、仮説立案ができるというわけです。

そして、次に、この仮説が正しいのかを把握するには、誰に何を確認すればよいのかを想定して、オンライン会議を設定します。そして、現場の声を聴くことで、事前に想定した仮説を検証するわけです。

組織で起きているナレッジを組織全体に横展開をすることで、組織全体の生産性を高めることができます。

# 現場を正しく把握する手法④

## チーム会・課会

最小組織であるチームや課などで定期的に開催する**「チーム会」「課会」**なども現場の情報を収集する有効な手段の1つです。適切なアジェンダで現場情報を収集するのに加えて、それを上部組織である部や本部の管理職やスタッフが情報にアクセスできるようにするのがポイントです。

最小組織内での情報共有は比較的うまく実施している組織が多いと思います。しかし、上部組織が情報にアクセスできているケースは少ないかもしれません。

できている組織も多いと思いますが、念のために1時間程度で実施するチーム会や課会のアジェンダ例を記載します。

**①プロジェクトの進捗確認（10分）**

・各メンバーにプロジェクトの進捗状況を共有してもらう。
・進捗の要点を簡潔にまとめ、課題や問題点を特定する。

**②成果の共有（10分）**

・メンバーからの成果や成功体験の共有を行う。
・各メンバーが達成した成果やポイントを述べ、他のメンバーと共有する。

**③チームの課題や課題の解決策の共有（15分）**

・チームが直面している課題や困難を共有し、議論する。
・アイデアや解決策を出し合い、具体的な行動計画を作成する。

**④スキルシェアやトレーニングの機会（10分）**

・チームメンバーが持つスキルや専門知識を共有する。
・特定のスキルや知識を持つメンバーが、簡潔に情報を提供する。

**⑤目標の設定と評価（5分）**

・チームとしての目標を確認し、進捗状況を評価する。

・目標達成度を振り返り、必要な調整やサポートを行う。

**⑥ラップアップ（5分）**

・決まったことの確認をし、誰がいつまでに実施するのかも確認する。

・残課題を確認する。

**⑦バッファー（余裕時間5分）**

・アジェンダ内の項目で時間が不足した場合や、追加討議や質問時間として利用する。

・チームメンバーの意見やフィードバックを受け付ける場として活用する。

上記のアジェンダでは、1時間でラップアップ含めて6つのアジェンダを実施します。かなり効率的な会議です。これを実行するには、**⑧事前にアジェンダの開示、⑨**

**事前に資料の開示、⑩参加者はアジェンダ及び資料を閲覧し、意見を持って会議に参加すること**がポイントです。そうすることで、1時間でコンパクトに生産性が高い会議が開催できます。

## 効率的な会議を進めるためのファシリテーター

このような会議を実行する際には**ファシリテーター（進行役）の役割**も重要です。ファシリテーターの役割は、以下の5ポイントになります。

**①タイムキーピング**

各項目の時間配分を管理し、スケジュールを厳守することが重要です。アジェンダの各項目に対して適切な時間を割り当て、必要に応じて調整しながら進めることが求められます。

**②全員の参加と発言の促進**

メンバー全員が積極的に参加し、意見や情報を共有できるように促進しましょう。ファシリテーターは、適切な質問やフィードバックを行い、全員が話しやすい環境を作り出すことが重要です。

### ③議論の促進とまとめ

チームメンバーが意見を交換する場であるため、ファシリテーターは議論を促進し、異なる意見や視点を尊重するように心掛けます。また、各項目のまとめを適切に行い、次のステップや行動計画に移る際には確実な結論を導き出す必要があります。

### ④フォローアップとアクションアイテムの確認

課会終了後には、議論や結果に基づいてフォローアップやアクションアイテムを明確化しましょう。ファシリテーターは、次回の課会までのタスクや責任の割り当て、進行状況の追跡などを適切に管理する役割を果たします。

### ⑤ポジティブな雰囲気づくりと励まし

ファシリテーターは、ポジティブな雰囲気を作り出し、メンバーを励まし、モチベーションを高める役割を果たします。メンバーの成果や貢献を認め、チーム全体の目標達成に向けての意欲を引き出すことが重要です。

これらのポイントを留意しながら、円滑なコミュニケーションと効果的なチームワークを促進することが求められます。

そして、上部組織には、事前にメンバーに開示した**課会のアジェンダ**、**資料**、そして**議事メモ**の3点を共有します。

そうすることで、上部組織は必要に応じて、現場の情報にアクセスすることができ、現場の各チームは新たな業務が発生しないで上部組織に報告ができるのでお勧めです。

# 現場を正しく把握する手法⑤

## 1on1

**1on1**（ワンオンワン）はアメリカのシリコンバレーが発祥だと言われています。

人材争奪戦（War For Talent）が厳しいシリコンバレーで、人材育成しながら優秀な人材の離職を防ぐ方法として始められるようになりました。

日本ではヤフーが２０１２年に導入し、17年にヤフーの１ｏｎ１の書籍が出版され、さまざまな日本企業でも導入されました。同社の１ｏｎ１は、上司と部下が毎週30分間実施するというものです。

**1on1は、上手に活用すると現場の見える化に効果があります。**

**しかし、実際にやりだすと4つの問題が起き、継続が難しいことが少なくありません。**加えて、チーム会や課会と同じく、上部組織から見える化するための記録が残っていないという問題が起きます。

ただ、この記録の問題については、最近は1on1のツールなどがいくつもあるので、それらを活用すると解消しやすくなっています。

ですので、より重要なのは、4つの問題です。

これを解消しないと、1on1は継続できず、実施しても形骸化しがちです。

4つの問題とは、**①時間の問題、②相性の問題、③能力の問題、④形骸化の問題**です。それぞれ補足説明しましょう。

## 1on1の課題①時間の問題

最初に直面する問題は「①時間の問題」です。

時間についての2つの問題です。

**「時間がかかる」「時間の調整が難しい」**という点です。

前述の「ヤフーの1on1」では毎週30分の1on1をしていますが、1時間でスタートしているケースが多いので、それを前提に簡単な計算をしてみます。

あるリーダーにメンバーが8人いるとします。

1人1時間の1on1を毎週設定します。1週間に8人のメンバーと1on1を実施するので、週当たり8時間の時間確保が必要です。週に8時間を1on1のために時間を確保するには、週の労働時間40時間から45時間の2割弱程度を確保する必要があるのが分かります。

2割というと週に5日働くとすると1日です。毎週1日は1on1に費やすということです。メンバー側からすると週に1時間の話です。

**しかし、リーダー側からすると週に8時間、週の労働時間の2割前後の時間を拘束されるわけです。加えて会議やミーティングがあるので、リーダーが実業務を行う時間はかなり限られてきます。**特に昨今はリーダーにプレイングマネジャーの役割を求めるケースが大半です。そうなると実業務時間の減少は成果に直結します。

というわけで、「ヤフーの1on1」同様に、1人あたり30分に時間短縮して解決しようとします。これで週当たりの時間のうち2割の8時間ではなく、1割程度の4時間になります。

**ところが、8人との「時間の調整が難しい」というのが、この問題に拍車をかけます。8人とのスケジュール調整は簡単ではありません。**しかし、プレイングマネジャーを兼ねているリーダー、メンバーそれぞれが忙しいので、１ｏｎ１のリスケジュールによる再調整が起きます。すると１ｏｎ１の時間が1時間か30分かにかかわらず調整ができず、毎週実施するはずの１ｏｎ１が流れてしまったりします。

では、１人のリーダーが８人と１ｏｎ１するのは大変なので、別のリーダーと４人ずつ分担しようという解決策を考えます。これはうまくいく可能性が高いです。代わりがいれば時間の問題は解決します。

ところが、また別の問題が残っているのです。

## １ｏｎ１の課題②相性の問題

相性の問題とは、１ｏｎ１を行うリーダーとメンバーの相性の良し悪しの問題です。毎週1時間（あるいは30分）定期的に時間を取るのです。相性がよければ、その時間になるのが楽しみです。ところが逆に相性が悪いとその時間は最悪です。

「仕事だから、相性なんて関係ない」と思う方もいるかもしれません。

しかし、それは強者の理論かもしれません。

そのように考えられるあなたには問題ないかもしれません。

しかし、多くの人が職場の人間関係で悩んでいたりします。人が退職する理由も職場での人間関係だったりするのです。

**1on1をすることで、相性問題を露呈させることにもなりかねません。**

もちろん、相性も何らかの誤解に基づくケースも少なくありません。相互理解のために自己紹介の内容を丁寧に行うことで相互理解が進み、誤解が解消されるケースもあります。また、定期的に会うことで、相性問題が消えるケースもあるかもしれません。

しかし、相性問題は必ず解決できるとは限らず、問題として残り続けることも十分にありえます。

## 1on1の課題③能力の問題

次は「能力の問題」です。コーチ役のリーダーの能力問題です。リーダーだと言っても、この変化の大きな現在に、必ずしもいろいろなことができるわけではありません。当然です。

特に、リーダーが、１ｏｎ１のノウハウやＯＪＴの方法論、例えば、４段階育成法「やって見せる→説明する→やらせてみる→確認する指導法」などを教えてもらわずに１ｏｎ１を実施するとするならば、かなりの確率でうまくいきません。

人事が新人に集合研修をして、その後の育成を現場に丸投げするケースでは、新人は１ｏｎ１のやり方を学んでいて、一方の現場は学んでいないので、このような問題が起きがちです。

さらに、人事から投げられた現場の組織長は、それをそのまま経験もスキルもない若手社員に新人育成を丸投げするのです。丸投げの連鎖です。丸投げしたものをさらに丸投げするので、情報も正しく伝わらない上に、最終的に丸投げされた若手社員に育成された新人は経験もスキルも磨けないという悲劇が起きるのです。

当然、うまくいかない確率が上がります。

## １ｏｎ１の課題④形骸化の問題

①時間、②相性、③能力の問題が絡み合って、**1on1は結果として形骸化していくことがあります。**大別すると2種類の形骸化があります。

1つは1on1を毎週実施するのですが、いわゆる雑談をして終わりになるケース。雑談は極端だとしても中身がないケースです。

もう1つは、実施頻度を1週間に1度から月に1度と頻度を少なくしながらも、中身はやっているという体裁だけ保つようになります。

その際に、1on1の情報を1か所で収集している（つまり上部組織や管理部門が見える化できている）とこれらの2つの形骸化問題を発見できます。

しかし、1on1を口頭だけで実施していると発覚が遅れてしまいます。また報告書などで記録は残していても、報告内容が形式的な場合も同様に発覚が遅れるのです。

例えば、「○月○日何時から××と1on1実施。内容は習慣の振り返り、アドバイスなど」といった記録をしているケースです。このような内容では、報告する意味もありませんし、問題も発覚しません。

**このような理由が絡み合って、せっかくの素晴らしい1on1が形骸化していくのです。本当に残念です。**

# 現場を正しく把握する手法⑥
## グループコーチング

**グループコーチング（GC）**とは、1名のファシリテーターと4名のメンバーという5人が毎週1時間で「1週間の業務」を振り返る手法です。その際には、前述したG－POPシートを利用するのがお勧めです。

### グループコーチングの進め方

前述のように1on1は素晴らしい方法なのですが、①時間問題、②相性問題、③能力問題、④形骸化問題という4つの問題があります。

GCは、活用の仕方により、これら4つの問題を一気に解決できる可能性がある方法です。

**一番のポイントは、自然と4人の参加メンバー同士の相互作用が起きることです。**

4人のメンバー同士が相互にアドバイスを行い、それを受けてそれぞれが学び成長していくのです。

これにより、ファシリテーターとの「②相性問題」やファシリテーターの「③能力問題」が解消されます。

また、4人のメンバーに対して1時間で行うので、1on1の4分の1の時間で実施できます。これにより「①時間問題」も解消されます。

**つまり、GCは1on1の4つの問題を一挙に解決できるのです。**

もちろん、1人のファシリテーターと4人のメンバーが1時間集まれば、自然と相互作用が起きるわけではありません。次に説明するように、1時間の中身が標準化されていて、相互作用が自然と起きるような仕掛けになっているのです。

## グループコーチングの1時間の流れ

GCは165ページの図21のような流れで実施します。

この流れには、メンバー同士が相互作用を行う仕掛けがいくつも入っています。

補足説明をしましょう。

**①瞑想により心を落ち着かせる**

日々の忙しさでついつい呼吸が荒くなったり、乱れていることがあります。わずか1分ほど、自分のスタイルで目をつぶり、自分の呼吸に集中をします。たったそれだけのことで、心を落ち着かせることできます。

**②チェックインで「24時間以内にあったありがたい・感謝の話」をする**

ポジティブ心理学という学問があります。この学問は、日々周囲への感謝を確認することをアドバイスしています。「感謝」の反対は「当たり前」です。さらにひどくなると「無視」になります。

日々当たり前と思っていた周囲のサポートに対して「感謝」を言葉にすることで、周囲とのコミュニケーションが好転するきっかけになります。

図21　グループコーチングの1時間の流れ

**事前にフォーマットに記入して、ZOOMに4名+ファシリテータが集合**

1. 瞑想により心を落ち着かせる
2. チェックイン：1人ずつ発言する（例：24時間以内にあった感謝）
3. 報告書はG-POP®フォーマットを使って状況報告：5分程度
4. 他のメンバーは感じたことを共有：1分程度
5. 他メンバー全員の発言が終わった後、感じたことを共有：2分程度
6. それを参加者（4人）繰り返す
7. チェックアウト

### ③G-POPフォーマット（115ページ）を使って状況報告する（5分程度）

G-POPシートの順にGoal（ゴール）→Pre（事前準備）→On（結果）→Post（振り返り）、そしてNextPre（次のアクション）を報告します。全体を説明してもいいですし、とくにアドバイスがほしい箇所に絞って報告しても大丈夫です。

5分という時間だけ意識します。

フォーマットの内容は、第2章で説明した「G-POP」というフレームワークに準拠しています。このフォーマットに沿って1週間の業務内容を記入することで、振り返る習慣をつけることができます。結果、

図22　グループコーチングで使うG-POP®シート

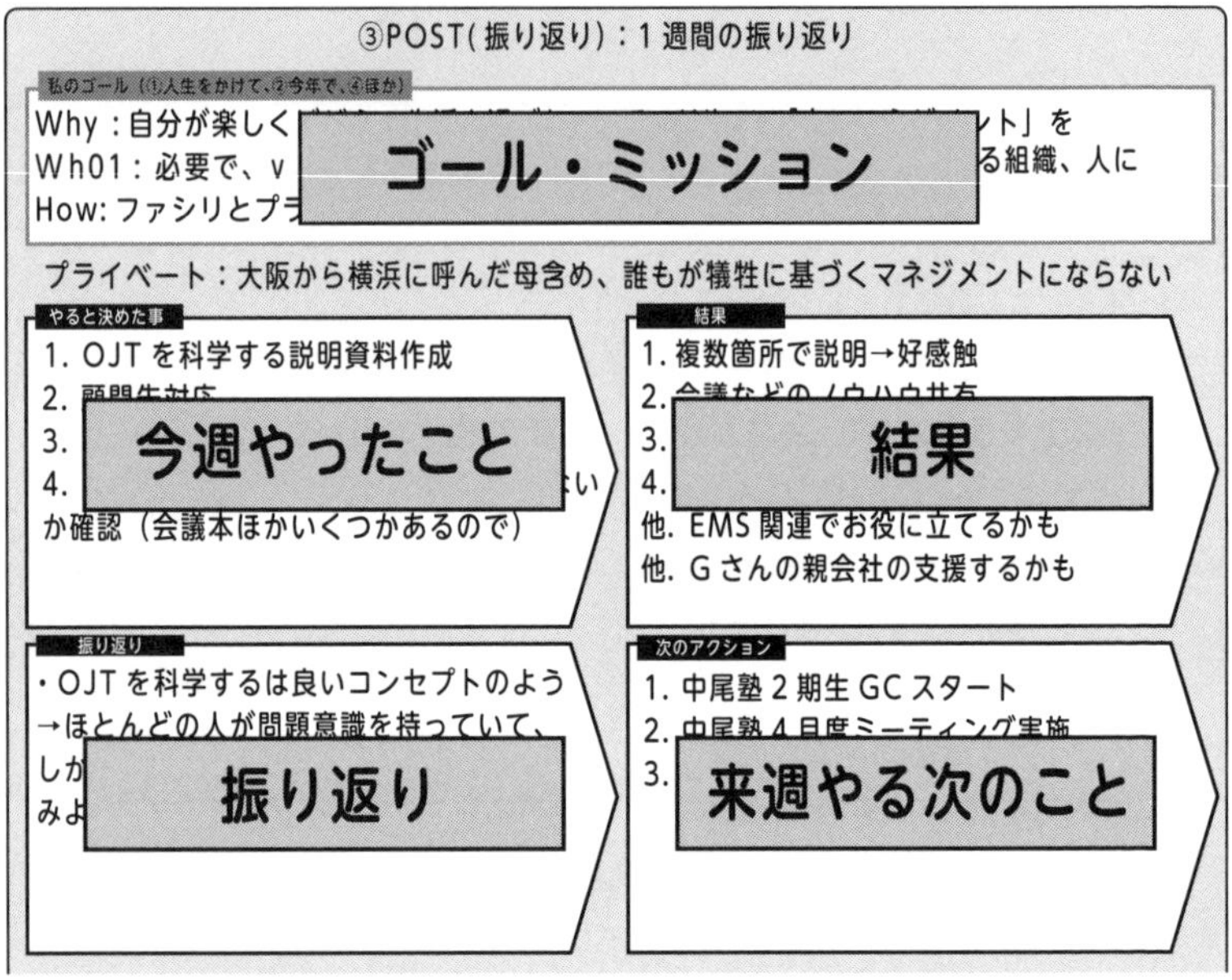

③POST(振り返り)：1週間の振り返り

私のゴール（①人生をかけて、②今年で、④ほか）

Why：自分が楽しく … ト」を
Wh01：必要で、v … る組織、人に
How：ファシリとプラ

**ゴール・ミッション**

プライベート：大阪から横浜に呼んだ母含め、誰もが犠牲に基づくマネジメントにならない

| やると決めた事 | 結果 |
|---|---|
| 1. OJTを科学する説明資料作成<br>2.<br>3.<br>4. …い<br>か確認（会議本ほかいくつかあるので）<br>**今週やったこと** | 1. 複数箇所で説明→好感触<br>2.<br>3.<br>4.<br>他. EMS関連でお役に立てるかも<br>他. Gさんの親会社の支援するかも<br>**結果** |

| 振り返り | 次のアクション |
|---|---|
| ・OJTを科学するは良いコンセプトのよう<br>→ほとんどの人が問題意識を持っていて、<br>しか<br>みよ<br>**振り返り** | 1. 中尾塾2期生GCスタート<br>2.<br>3.<br>**来週やる次のこと** |

セルフコーチングをする習慣がついていきます。

**④他のメンバーは感じたことを共有する**

報告者以外の3人は、1分程度で「感じたこと」を共有します。まずは相手の1週間を承認します。質問や疑問から始めないのがポイントです。

**⑤メンバー全員の発言を聞いた報告者が感じたことを共有する**

2人の感じたことを受けて、報告者も感じたことを共有します。質問などの回答はそのあとに行います。

**⑥それを参加者4人繰り返す**

**⑦チェックアウト**

この場への感謝の言葉を共有します。

このGCを行うことには次の❶～❹のような効能があります。

**❶すべての参加者が平等に話を聞いてもらえる機会がある**

日常的に、会話の途中で上位者や同僚から会話を遮られることが少なくありません。会話はキャッチボールだといわれていますが、実際はドッジボールになっているケースが大半です。ドッジボール的会話とは、ボールを受ける前に、どのように回答するか準備をしている会話です。そうではなく、「話を聞く」「話す」をきちんと分離することで、他者とのコミュニケーションレベルが大きく向上するきっかけになります。

**❷批評や指示、アドバイスではなく、「感じたことを交換する」ことの意味**

これもコミュニケーションレベルを向上させます。かっこつけたことではなく、感じたことをそのまま伝えます。このコミュニケーションが相互にできることで「安心・安全の場」を作るリーダーを育てるきっかけになります。

また、感想を交換するところにも学びの機会があります。

「感想を伝える」→「それに対して返事が来る」というキャッチボールから、思考が深まります。

**❸感じたことを率直に話せる**

「安心・安全の場」を作ることが、高い業績を上げるための必要条件であることが、さまざまな組織の研究で明らかになっています。前向きに感じたことを率直に話す関係性と習慣を作ります。

**❹チェックアウトで感謝と気づきを伝える**

最後に、感謝を伝えることで、GC後の職場での他者とのコミュニケーションもよくなり、結果、関係性も向上します。

まとめの位置づけでもあるので、自分の気づきを定着させる効果もあります。加えて、同じ1時間を過ごした4人のチェックアウト内容の違いからさらに気づきが得られることもあります。各自録画して自分の話し方や聞き方を確認することをお勧めします。

このように、GCの1時間は、さまざまな仕掛けが入った時間なのです。

**1週間あたり、GCの1時間と準備時間10分~20分で、本人のセルフマネジメントに加えて、参加者との相互作用を通じて、いくつもの学びの機会があります。**

このグループコーチングは、記録が残せて、場所が異なっていても実施できるようにZOOMなどのテレビ会議システムを通じて実施します。

メンバーの1週間のセルフマネジメントの結果データが蓄積（ストック）されており、他のメンバーの情報を見ることができます。これがストックされればされるほど、現場の見える化という観点でも効果を発揮します。

従来の1on1では、報告書を出すケースはありますが、実際の1on1の内容は分かりません。一方、このGCでは、詳細までデータで格納できます。ハイパフォーマーの仕事ぶりを疑似体験することができるなど、学びが多いのです。

さらに、上司にとっても、メンバーのセルフマネジメントの結果を読み、そこにコメントをすることで簡単に組織の現状把握（見える化）ができるようになるのです。また、内容によって必要な人とだけ別途ミーティングをすることで時間削減もできます。

誰にとっても一石二鳥にも三鳥にもなるのです。

# 現場を正しく把握する手法⑦

## CRM・SFA・MAツール

**CRM（Customer Relationship Management：顧客関係管理）ツール、SFA（Sales Force Automation：営業支援）ツール、MA（Marketing Automation：マーケティング自動化）ツール**を導入することでも現場の見える化が可能です。

CRMは顧客情報を一元管理し、顧客との関係強化をするためのツールです。SFAと共通する機能も多いのですが、何の単位で管理するのかという点が異なります。CRMは文字通り「顧客」単位で、SFAは「営業」単位で把握・管理します。

したがって、例えば営業からアプローチするアウトサイドセールスでは営業単位のSFAを、顧客からの問い合わせを受けるインサイドセールスでは顧客単位のCRMといった使い分けがされます。

MAは、その名前の通り「マーケティングの自動化」を目的としたツールです。見込み顧客の発掘、情報発信、商談確度の把握といった目的で利用されます。

データを正確に入力することができれば、現場の情報がかなり見える化できます。かつては、データ入力ができない企業が多かったのですが、最近はそのようなことはないようです。

**2023年に3社ほどCRMツールを導入している組織の営業コンサルを行ったのですが、抱えている課題は、ほぼ同じでした。**

それは次のようなものです。

3社とも営業活動の「見える化」はできているのです。

例えば、営業活動を7ステップに分けて、商談がどのようにすすんでいるのかについては把握できているのです。どのステップで顧客の商談が滞留しているのかも把握できています。例えばステップ3で滞留していることは分かっているのです。

これだけでも「見える化」した大きな進歩です。

しかし、「課題」はこの先にありました。

**「見える化」はできたものの、では、どうすれば、ステップ3で滞留している商談顧客をステップ4に移行できるのかがわからないのです。**

これを営業現場や個人に任せているだけだったりするのです。今後は、この何をすれば、滞留商談が次のステップに行く確率が高いのかを見える化できるようにするのがポイントですね。

## 現場を正しく把握する手法⑧

### 何もしないのに現場が見える仕組み

これはリクルートグループのあるＩＴ企業の事例です。

同社の現場の見える化が半端ないのです。彼らは世界中で並行して短期間にアジャイル開発で、サービスをよりよくするために開発し続けています。そして、その成果と開発内容がほぼリアルタイムで全従業員が把握できる状態にあります。

具体的には、エンジニアが開発した内容により、「活動したユーザーの人数」とその活動により「得たい結果を得られたユーザーの人数」が分かるのです。

**もちろん、よい結果も悪い結果も「見える化」されています。**そして、よい結果を出したプログラムの開発内容も、全社共通のプログラムの「ソースコード」管理ツールがあるので、すぐに把握できる仕組みなのです。

これらが、「見える化」されているので、エンジニアは、そのよい結果に繋（つな）がったソースコードを、自分のプログラムにも役立てることができます。つまり、「どの開発がユーザーに役立ったのか」をリアルタイムで把握でき、「それはどのような開発だったのか」をすぐにＴＴＰ（徹底的にパクる）できるのです。

通常の企業であれば、現場に成果をヒヤリングし、それを集計することが必要です。そして、よい成果を出したプログラムを集め、それを加工して、現場への展開も必要だったりします。その内容を別途、エンジニアが資料を作って勉強会などで共有したりします。しかし、これでは手間がかかるので、月に1回程度の情報共有がせいぜいではないでしょうか。

ところが、同社はこの仕組みが自動化されているので、誰でも、いつでも情報が把握できて、すぐにＴＴＰできます。

その結果、通常の企業では考えられないスピードで進化し続けています。

# 現場を正しく把握する手法⑨

## 結局は組み合わせるのがベスト

現場を把握するための方法として、日報、月報、業務レポート、ウォークアラウンド、チーム会、1on1、グループコーチング、CRM、SFA、MAなどの手法を紹介しました。加えて、リクルートグループの「何もしないのに見える仕組み」を紹介しました。

これらを実践する際には、構造構成主義を体系化した西條剛央（さいじょうたけお）さんが提唱している**「方法の原理」**を意識するとよいと思います。

方法を選択する際の原理です。「方法の原理」は、**「方法は『状況』と『目的』で変わる」**というものです。上述したものはすべて方法です。

**自社の「状況」と「目的」に合わせて選択するとよい**ということです。

また、「状況」と「目的」によっては最適な方法は1つではなく、**組み合わせるこ**

**と**がポイントであるケースもあります。

「状況」とは、自社の業種、規模、現在の運営方法、ITなどのリテラシーなどにも影響を受けます。

また「目的」は誰にとって、何を「見える化」するのかという点が重要です。現場に近い現場の直属の上長は、個人的には、またフロー情報としても現場が見えています。しかし、本部や上司の上司が現場のどのような情報を「見える化」してほしいのか。そして、それで何を判断するのかがポイントです。

そのためには、情報をどのように残しておくのかがキーになります。つまり情報のストックです。これを意識しながら、必要な方法を組み合わせるとよいでしょう。

第 4 章

# Who

## 誰が現場を見るのか？

# 第4章まとめ

誰が現場の情報を見る必要があるのかについて考えます。

例えば、現場のリーダーは当然現場の情報を把握する必要があります。ところが、権限移譲の誤解とSOC（スパン・オブ・コントロール＝配下のメンバー数）が多すぎると、現場の情報が把握できないケースがあります。

また、上司の上司や本部スタッフが現場の情報を把握する必要があるのかについても考えます。加えて、経営者、ビジネスプロセス上の他組織、あるいは親会社には現場情報が必要なのかについても検討します。

結論からいうと、どの立場であっても「現場の情報の見える化」は必要不可欠です。

# 「権限委譲」の勘違いが現場の見える化を阻害する

第1章で触れましたが、リーダーが現場の状況を把握するのを阻害している「勘違い」があります。

それは、**「権限委譲」により起こる、リーダーと権限委譲されたメンバーによる勘違い**です。

リーダーは権限を委譲したため、メンバーに細かいことを聞いてはいけないという勘違いがあり、一方、権限委譲されたメンバーは、報告せずに自由に行動できるという勘違いがあります。

その結果、現場のメンバーが行っていることが見えなくなってしまいます。

本来であれば、権限委譲と現場の把握は相反するものではありません。しかし、**リーダーが現場の情報を把握しない場合、それは権限委譲ではなく、単に「放任」になってしまうのです。**

また、組織間での権限移譲によって、相互の現場が見えなくなることもよく起こります。

## 事業部間での「現場の見える化」は必要か？

通常、組織全体のミッションを配下組織ごとのミッションに分解します。これは、それぞれの組織の責任を明確にするためです。

それぞれの組織は、付与されたミッションを達成するために日々業務を行います。その際に、それぞれの組織のミッションが明確なので、他の組織に自組織の状況を説明する必要はないと考えがちです。

たしかに組織間の連携が必要でなければ問題は起きません。

しかし、**実際には想像以上に組織間で連携が必要な業務は多い**のです。

加えて、予期せぬ問題が起き、他組織に波及することもあります。また、特定組織の業績の低下などが発生しているにもかかわらず、他組織がその情報を把握するのに時間がかかり、問題を大きくしてしまうことがあります。これらの原因は、他の組織とのコミュニケーション不足、相互に現場の情報を把握できない状態になっているからです。

ある会社の事例を挙げると、役員会には主力のA事業の責任者、A事業の規模の半分程度のB事業の責任者、新規事業Cの責任者、社長、管理本部役員の5名が参加していました。

主力事業のA事業の責任者は、数か月間、A事業の状況が思わしくない兆候があったにもかかわらず、それにはまったく触れず、業績見込みは問題ないと報告し続けました。

この会社では、それぞれの組織のミッションが明確で、かつ他の役員はA事業の現場情報を把握する方法がなかったこともあり、A事業の責任者の業績見込みは問題ないという報告を信じていました。

そもそも、もしもB事業とC事業の責任者が、A事業の問題を知っていたとしても、A事業の問題を指摘すると、自分の組織に対しても問題を指摘される可能性があるため、何も言わなかったかもしれません。つまり、お互いの関係が不可侵（私もあなたの問題を指摘しないので、あなたも私の問題を指摘しないで）の状態となっていたのです。

しかし、このような状態が数か月間続き、ついにA事業の状況が非常に悪いことが明らかになりました。しかも、このタイミングでのA事業の立て直しには、相当なマンパワーが必要であることが分かったのです。

A事業は、ビジネスの特性上、年に1回大きな商談をするタイミングがありました。その重要な商談のタイミングが迫っていたのです。つまり、短期間にA事業に営業のマンパワーを投入する必要があったのです。そうしなければ、A事業の業績が大きく悪化し、当然会社全体に大きな影響を及ぼすことになります。

まさに緊急の状況でした。

そこで、急遽（きゅうきょ）人事異動を行い、B事業部から人員をA事業部に派遣することを決定しました。さらに、A事業の売上減に対応するための利益確保策としてC事業の新規事業の一部を凍結しました。そして凍結に伴い、浮いたC事業の人材もA事業部に投入しました。まさに緊急の対応です。

これらの緊急対応により、A事業の業績は当初想定していたほど悪化せず、何とか持ち直すことができました。

**しかし、この対応には、大きな副作用がありました。**A事業に人員を補填（ほてん）したB事業の業績が低迷し、C事業で継続検討していた新規事業の開始時期も大幅に遅れることになりました。

主力の既存事業の業績が回復したという観点からは、緊急対応は、よい施策だったと言えるかもしれません。しかし、本来ならA事業以外の役員や本部スタッフがA事業の現状を早期に発見し、問題の兆候に気づくことができていれば、今回のような緊急対応は不要だったのです。

現場を見られなかった悲劇が起こした事例でした。

**このように、事業部門間でも「現場の見える化」は必要なのです。**

# 現場を把握する人①
# 現場のリーダー

**「現場のリーダーが配下のメンバーの状況を見ていないのはありえない」**

そう思う方が多いと思います。

しかし、実際は配下のメンバーの状況を見られていないリーダーが少なくありません。もちろんそのリーダー自身のスキルや能力、そして意識の問題もあるでしょう。これに加えて、現場のリーダーが配下のメンバーの状況を見られていない原因が2つあります。

1つはこれまで述べた**権限移譲に関しての誤解**です。

もう1つは、**配下のメンバーの数**です。配下のメンバー数は、一般的に「**スパン・オブ・コントロール**（コントロールできる範囲≒適正メンバー数：以下**SOC**）」という経営学用語で表現されます。

## 配下の部下の状況を見られないSOCの問題

**1人のリーダーがマネジメントできるSOC人数は5～8人が理想的**だとされています。加えて、一般的には**上限のSOC人数として10名を超えると厳しい**と言われています。

例えば、アマゾン創業者であるジェフ・ベゾス氏は、**「2枚のピザ理論」**で**「2枚のピザを分け合える程度の人数（5～8人）」**がよいと言っています。

歴史上最も広い国土を持ったモンゴル帝国のチンギス・ハーンも、騎馬隊を10人単位で組織していました。

システム開発を行う際のアジャイル開発も1チームを6人程度にしています。

もちろん、リーダーそれぞれを見ると高いマネジメントスキルや経験がある、あるいは会社がリーダーを支援するトレーニングを行っている、またマネジメント支援ツールなどを準備している場合はその限りではありません。

また、当然、仕事の中身によってもＳＯＣ人数は変化します。

例えば、メンバー間の連携が多い仕事の場合には、リーダーのマネジメント業務の一部をメンバー間で補完することになるので、リーダーの負担は少なくなり、ＳＯＣは大きな人数でもよいと言われています。逆にメンバー間の連携が少ない業務だと、リーダーは、メンバーとの個別対応が増加し、ＳＯＣは少なくなります。

また、ＳＯＣメンバーが同一業務であれば、より多くの人数をマネジメントできますし、メンバーへの権限移譲を進めれば、リーダーの負担を減らすことができ、ＳＯＣ人数を増やすことができます。

**これらのように、リーダーが現場の情報を把握するには、1チームを適正な人数にすることは必須条件であり、理想は5～8人、上限は10人であると目安を付けておいた方がよいことが分かります。**これを超えると直属のリーダーであっても現場を見ることができなくなる可能性が高まるのです。

## ＩＴ部門の責任者の時代に体験したＳＯＣ問題

私も、このSOC人数を参考に組織づくりをした経験が何度もあります。

1つ事例としてご紹介しましょう。私は、リクルート在籍時代にリクルートテクノロジーズというIT部門の責任者をしていたことがあります。この時も1つの組織のSOC数は10人を上限にしていました。

正直にいうと、理想的には上述のアジャイル開発のようにSOCを6人程度にしたかったのです。ところが、なかなか難しい理由がありました。SOC数10人で組織を設計するのと、6人で設計するのでは、必要なリーダー数を1・5倍以上にする必要があります。

そうなのです。当時、十分なリーダー数を確保するのが難しかったのです。

その理由の1つは、リクルートテクノロジーズが必要としていた人材の偏りでした。**同社が必要とするIT部門の人材は、マネジメントを行うことよりも最先端のITスキルを習得することを好む傾向が強かったのです。**

リーダーになりたい人が少なく、圧倒的にリーダーの数が足りませんでした。

当時のリクルートグループは急速にエンジニアを増員していました。つまりメンバー数は増えてくる。その一方で、リーダー候補は限られている。そうなるとリーダー

1人あたりのメンバー数を増やさざるをえない。これがSOC数を最適な6人にできない理由でした。エンジニア増員に合わせてリーダー数の増員が必要でした。しかし、短期にリーダーの数を増やすことはできません。

そこで3つの施策を整備しました。

1つは、最適なSOC数である6人は実現できないにしても、SOC数の上限として10人を設定しました。一定の規律を設けたのです。

2つめは、人数が増えるので、リーダーに求められるマネジメントスキルも必要になります。そこでマネジメント力強化の育成の仕組みを準備しました。

3つめは、リーダーがマネジメント上で困ったことがあった場合に相談できる仕組みを準備しました。

この3つの施策を実行したおかげで、各組織のリーダーは、メンバーときちんとコミュニケーションを取ることができ、何とかかんとか現場の情報を把握することができました。

# 現場を把握する人②上司の上司

「上司の上司」とは、現場の最小単位が課であれば、課長の上司である部長のことです。最小単位がチームであれば、チームリーダーの上司である課長です。

確率論的な話ですが、一般的に上司の上司は、最小単位の上司よりも優秀なことが多いはずです。だから上司よりも上席の「上司の上司」になったはずです。

何が言いたいかというと、上司の上司の方が優秀ならば、課題解決能力も高いはずです。したがって、必要に応じて上司の上司が現場を見ることができれば、直属の上司では解決できない課題を解決できる可能性が高まるはずでしょう。

**ところが、実際の現場では、びっくりするくらい何も見ていない、あるいは見る方法論を持たない上司の上司が多いのに驚きます。**別に上司の上司に対して、常日頃から現場の「箸の上げ降ろし」と言われるようなすべての情報までを見る必要があると言っているのではありません。しかし、何か問題が起きた時でさえ、現場の情報を見られない。正確には現場の情報を入手できない上司の上司が多いのです。

**特に何度か触れた「権限移譲」を誤解している上司の上司は、現場が見られないことが多いです。これは本当に驚きます。**

あなたが部長や事業部長など上司の上司であれば、ぜひ確認してみてください。現場で起きているどのような情報をすぐに入手できるのか。

もしも少しのことでさえ、部下にレポーティングしてもらわないと情報を把握できないとするならば、かなりまずい組織であり、自分自身がかなりまずい上司の上司だと自覚した方がよいでしょう。

私自身は第3章でご紹介した仮説検証型ウォークアラウンドなどで、定量、定性情報を把握する方法を実践していました。もし現在同じ立場であれば、第3章でご紹介したG－POP版GCを組み合わせることで、現場の定性情報の入手を簡単にして、仮説立案を行うことができるはずです。

# 現場を把握する人③ 人事や経営企画などの本部

最近はさまざまな企業でCRMや人事系のツール導入が増えてきているので、本部スタッフが現場を把握することができる状況が整ってきています。しかし、それでも現場を見られていない本部組織も少なくありません。

**本来、本部組織こそ、現場を正確に把握する必要があります。**

例えば、経営企画と人事を例に考えてみます。経営企画は、戦略立案が仕事です。人事はその戦略に基づき人事戦略を立案することが仕事です。

一般的には、戦略が先に決まり、その実現のために人事・組織が決まります。しかし、昨今のWar for Talent（採用戦争）の時代では、人員を確保できることが、戦略に影響するケースも少なくありません。つまり、優秀な人材がいるので、その前提で戦略を立案するというケースもあるのです。

どちらのケースであっても、経営企画や人事は、戦略を立案するだけが仕事ではないはずです。現場に戦略を実行してもらい、計画した成果を上げてもらうまでが仕事です。したがって、経営企画や人事は実行状況をモニタリングし、状況に応じて現場支援を行うことが必要です。

ところが、本部組織が、ほとんど現場を支援せずに、現場に全面委任する会社があります。それを知ったのは、私がリクルートにいた際に管理会計の再構築プロジェクトのプロジェクトマネージャー（ＰＭ）をした時でした。

管理会計は「Management Accounting」と言い、英語のニュアンスで言うと経営会計、つまり経営者が会社をどのように分割して、マネジメントしたいのかという考え方です。経営者が経営をするために、「どのように見える化するのか」を整備するのが管理会計の役割です。

そして、このＰＭをした際に、当時の世界の管理会計には２つの潮流があるのを知りました。

## 細部を見ないで結果だけを求めるタイプ

1つは、**経営として見たいのはこれだと特定をし、細部は見ないで、結果だけを求めるタイプ**です。

このタイプでの管理会計の運用の場合、現場の責任者（担当役員や事業部長など）に結果報告だけを求め、そのプロセス含めて全面的に任せるというものです。

このようなタイプの会社では、現場が何をしているのかは、本社からは見えませんし、本社はあまり興味もありません。

もちろん業績が悪い、あるいは不正が起きているかもしれないという時は、その限りではありません。その場合は、現場からレポートを求めるのと同時に、必要であれば人員を投下して現場の状況把握に努めます。

このような管理会計を志向している企業は、結果だけを求めるので、システムの統合なども必要ありません。

## 現場を見える化したいタイプ

もう1つは**現場を見える化したいタイプ**です。

このタイプは、全社のシステムも統合しようとします。

例えば、当時調べたI社では、営業が別組織のコンサルタントと打ち合わせをするためには、どの顧客と打ち合わせするのかを業務システムに登録する必要がありました。その業務システムに打ち合わせの詳細を登録します。これらの情報を入力しないと他部署の人（今回だとコンサルタント）と打ち合わせもできないのです。

**このような情報を現場が入力すると、現場でどのような商談が動いていて、誰が関与しているのか一目瞭然になります。**そして、その情報を元に必要に応じて本部組織は、進んでいない商談に対して質問をしたり、援助を行うこともできるのです。

前者と後者を比較した場合、後者の経営が現場まで見える化できている方が望ましいのは言うまでもありません。

# 現場を把握する人④経営者

経営者は、上述の「上司の上司の上司」、つまり最終的な一番上の上司です。

あなたが経営者であれば、いかがでしょうか？

現場のどのような情報が見られますか？

基本的な構造は、上述した上司の上司と同じです。

**「経営者は大きな話を考えるのが仕事だ。例えば、パーパスやビジョンあるいは、方針や戦略など抽象度の高いことを考えるのが仕事だ。加えて、そもそも経営者は短期ではなく、長期に考えるのが仕事だ」**などと言われることがあります。

そう言われるとそのような気もするので、「現場を見る」などという些末(さまつ)なことをしてはいけないと考える人がいます。

大きなこと、長期のことを考えるのは経営者の仕事です。

**しかし、それに関連づけて、現場を見なくてもよいというのは、よっぽどの大企業の経営者であっても間違いです。そもそも、方針や戦略を考える場合であっても、現場を知らずに、実行可能な施策立案はできません。**

そもそも大きな話や長期の話を考えることと、現場を見ることは何も矛盾しないのです。

## 社長同士の飲み会で発覚した現場の重大な欠陥

ＩＴ系Ａ社の社長のエピソードです。

Ａ社の社長は、顧客でもある友人のＢ社の社長との飲み会の席で**「最近、貴社（Ａ社）の商品・サービスについて当社（Ｂ社）の現場からクレームがあるみたいだよ」**という話を聞きました。

あなたがＡ社の社長ならどうしますか？

Ａ社の社長は、その場で「何が起きているのか教えてほしいので、Ｂ社の現場責任者とＢ社の社長、そして弊社の担当者と私との４人でミーティングをさせてほしい」

と伝えました。

すぐに4人でのミーティングが開催され、A社の社長は、現場で起きている情報を正確に把握しました。そこには、いくつもの現場での問題が発覚しました。さっそくA社では、短期的にはB社との取り組みを改善すると同時に、他のクライアントでも類似の現象が起きているのではないかという仮説の下で調査を行いました。

具体的には、広く顧客アンケートを取り、その結果をもとに、戦略変更を行い、組織を再編したのです。

**B社で起きていたことはA社にとって悪い兆しだったのです。この声を放置していたらA社の業績は危うくなっていたかもしれません。**

A社の社長自らが、部下に委任せずに現場を把握し、課題を把握し、解決したのがポイントだと思うのです。

# 現場を把握する人⑤親会社

親会社は子会社の「現場の情報の見える化」を志向する必要があるでしょうか。

## 親会社が子会社の現場を把握することは容易ではない

先ほど私がリクルートグループの管理会計の再構築の際のプロジェクトマネジメントをした話に触れました。

その際に、管理会計には2タイプがあり、一定の情報だけを見るというタイプと徹底的に現場の見える化を志向するタイプがあるという話をしました。前述したように望ましいのは後者で、子会社の現場まで見える化を志向することです。

**しかし、実際にこれがしやすいのかどうかは、この子会社群がどのように出来上が**

**ったのかという設立経緯によるところが大きいです。**

例えば、M&Aなどをした場合、各社により管理会計の仕組みが異なるケースが大半です。本気で現場の見える化をするためには、子会社群のシステムを統合する必要があります。その範囲が広ければ広いほど、必要なコストは膨大になります。そのような大きな投資はしないというのも十分大事な判断だと思います。その結果、前者のような管理会計の仕組みになるのはいたしかたがありません。

企業が成長するのは、オーガニックに自社資源だけで実現するケースは稀です。他企業をM&Aしながら成長するのが大半です。そう考えると、親会社が子会社の現場まで見られるのは稀と言えるでしょう。

**しかし、逆に言うと、親会社が子会社の現場を見ることは簡単ではないので、それができるようになれば、強い競争優位を獲得できるということはお分かりだと思います。**

# 第 5 章

# Where
# どこで現場を見るのか？

# 第5章 まとめ

コミュニケーションの方法は、①リアル（実際に会って実施する）、②オンライン（ZOOMなど）、③テキスト（チャットツールなど）の3種類があります。

私たちは、ついつい、①がよいのか、②がよいのか、③がよいのかという「OR」の発想になりがちです。最適解は「OR」ではなく「AND」、つまり、これらを上手に組み合わせて設計することがポイントです。

その際には「非同期」でどこまで実施できるのか。

そこから設計すると、全体最適な方法が見つかります。

## 「リアル」「オンライン」「テキスト」のどれで現場を見るべきか？

今でこそオンライン会議が一般的になりましたが、私は15年ほど前から、テレビ会議で仕事をし続けています。リクルート時代に全国に拠点があるスーモカウンターという店舗ビジネスの責任者だったからです。

一方、北は北海道、南は九州まで全国の拠点があったため、３か月に1回は全メンバー３００名以上を1か所に集めてキックオフミーティングをしていました。

本部組織からは、３か月に1度とはいえ、多額な交通費と時間をかけて「リアルの対面でやる必要があるのか？」とコスト削減要求もありました。

その当時から、私は、コミュニケーションには、次のような3種類があると整理していました。

**①時間と場所を同期させる「リアル」**

参加者全員の「時間」と「場所」を一致させる必要がある。調整が難しい。

濃厚（?）なコミュニケーションができる（はず）。

**②時間を同期させる「オンライン」**

参加者全員の「時間」を一致させる必要がある。調整は①より容易。

そこそこ濃厚（?）なコミュニケーションができる（はず）。

**③時間と場所の制約がない「テキスト」**

参加者の「時間」も「場所」も一致させる必要がない。調整は不要。

軽いコミュニケーションはできる（はず）。

同じ時間を使うことができれば濃厚なコミュニケーションは、①＞②＞③の順番になります。しかし、調整の手間などは③＞②＞①の順番で楽になります。

図23　「リアル」「オンライン」「テキスト」の3つのコミュニケーション

①リアル＝実際に会う（時間と場所の両方を同期させる必要がある）

②オンライン＝ZOOMなどのツール（時間は同期させる必要がある）

③テキスト＝チャットツール（非同期：時間も場所も同期させなくてよい）

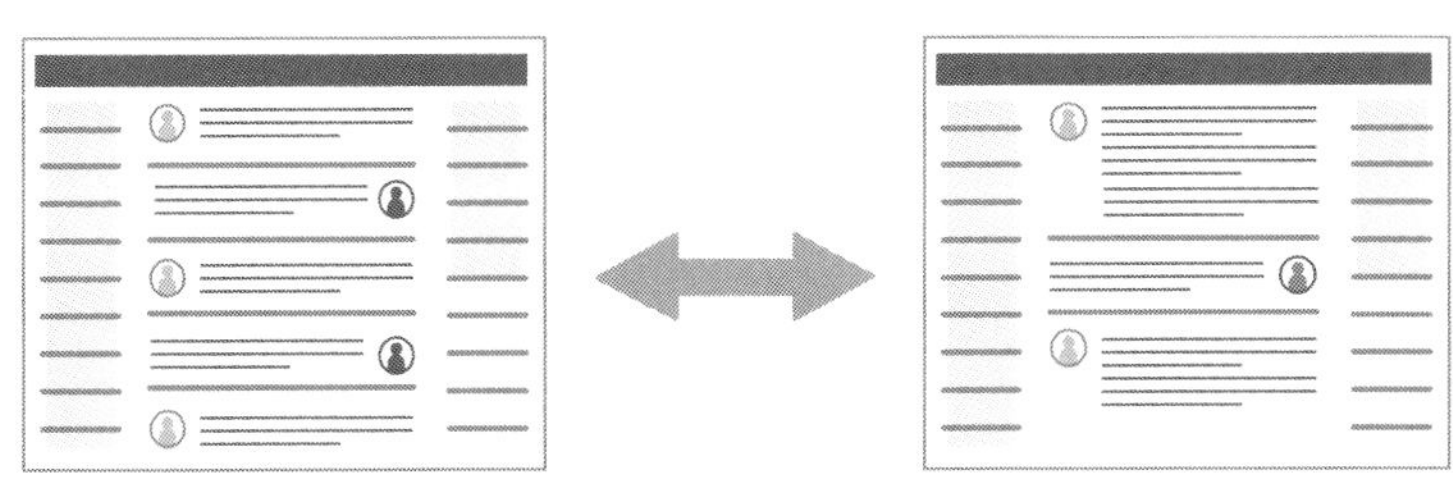

**一般的に、「①リアル」は本社などで実施することが多いので、本社勤務の人にとっての負担は、**（場所は同じなので）**「時間」だけです。**しかし、支社勤務の人は①に参加するために移動する必要があります。また育児や介護など時間の制約がある人にとっては①への参加はとても厳しくて、②でさえ通常勤務時間外に実施されると参加が難しいでしょう。

**時間や場所の制約がある人に対しては③＞②＞①の順で優しいともいえます。**

前述のように私が担当していたスーモカウンターは全国に拠点がありました。また育児や介護についている人も少なくありませんでした。

したがって、「③テキスト」でできることは、限りなく非同期（時間や場所を問わない）でできる「③テキスト」で実施する。そしてその次に、「②オンライン」でできることはできる限りオンラインで実施し、どうしても「①リアル」でないとできないことだけをリアルで実施するようにしたのです。

つまり、①か②か③ではなく、①②③の強みを理解したうえで、①と②と③を組み合わせて実施したのです。

その中で、当時悩んだのは**「①リアル」でないとできないことが本当にあるのか**という点でした。私たちは当時、リクルート内で最も「③テキスト」を活用した組織でした。さらにオンライン会議システムも活用しまくっていました。

すると、確かに「①リアル」でないとできないことはあるのですが、リアルでなくてもあまり影響はなかったのです。

コストだけを考えると「①リアル」をなくせば大きな経費削減になります。

## 「リアル」でないとできないことがあるのも事実

ところが、店舗ビジネスの大先輩であるコンビニエンスストアを研究したところ、改めて「①リアル」はやるべきだと考え直しました。

それは、**他ブランドよりも10万円以上日商が多いトップシェアのブランドだけ、毎月スーパーバイザーを全国から集めて、戦略や方針を徹底させていた**のです。これこそリアルでないとできないことがある証拠だと考えて参考にしました。

私たちの場合、戦略などを変更する際の徹底・浸透、つまり戦略のニュアンスを共有することはリアルの方がよいかもしれないという感覚を持っていました。それを実際に実施するためのロールプレイングなどは、リアルでやる方が浸透・定着に役立ちました。

もちろん、それらはビデオなどでも代替できますし、オンライン会議でもかなりの部分は代替できますが、リアルの方が浸透度・定着度が高かったのです。

また、間違いなくリアルでないとできないことは、**「偶然の出会い」**です。勤務地が異なる従業員が休憩時間や会議後の飲み会などで話した雑談の中にイノベーションのタネがあったりするのです。いわゆる**セレンディピティ**（偶然から予想外の発見をすること）です。これは設計していたわけではありませんが、かなりの頻度でこのセレンディピティが起きるのです。

しかし、一方で、何でもかんでも「①リアル」を求める人たちがいました。「③テキスト」などはもってのほかで、「②オンライン」でもなく、どのような場合でも「①リアル」がベストという人たちです。

彼らはある意味、**「多様性を認めない強者」**なのです。時間も場所も制約がなく、いつでもミーティングができる人たちです。イメージでいうと本社や本部の偉い人です。必要であれば自分の部屋や会議室に部下をいつでも呼べます。

地方から東京の本社や本部に来る人は、（②でできる内容を）数時間の「①リアル」のために、同じくらいの時間をかけて来るのです。もちろん、それに値するだけの価値がある会議であればよいのですが、必ずしもそうでないケースも少なくありませんでした。

でも、彼らは決して本社に文句を言いませんでした。

言うと嫌われてしまうからです。

今回の「リアルかオンラインか」の問題は、OR思考で検討する必要はないのではないでしょうか。私たちはついつい序章で解説したUA（不確実性の回避）を避けようとする国民性を持っていて、OR（白黒をつけたい）で考えがちです。

**しかし、今回のケースであれば、①②③を組み合わせて、「③テキスト」でできることは、できるだけ実施。そしてその次は「②オンライン」、「①リアル」でないとできないことは「①リアル」と、3つをANDで組み合わせるとよいのです。**

# 3つのコミュニケーションにはどのような特徴があるのか？

それでは、同じ内容を①リアル、②オンライン、③テキストのそれぞれで実施する場合にどのようになるのかを具体的な事例で考えてみましょう。

例えば5人〜10人程度で製品開発を行う場合のアジェンダを考えてみましょう。

## 「リアル」で実施する場合

**❶開始（5分）**

・ミーティングの目的とアジェンダの確認

・参加者全員のチェックイン

**❷個々のアイデア発表（60分）**

・各メンバーが自分のアイデアを5分で発表（これを5人分）

・毎回の発表後、他のメンバーからの質問やフィードバックを3分で行う

**❸全体のディスカッション（30分）**

・提出されたアイデア全体を見渡し、共通のテーマや異なる視点を議論

・最も有望なアイデアを選出

**❹製品設計のスケッチ（30分）**

・選出されたアイデアを元に、初期の製品設計のスケッチを作成

・これは、全員で行うか、または一部のメンバーが描きながら他のメンバーからのフィードバックを得る形で行う

**❺終了（15分）**

・スケッチのレビューとフィードバック

・次回のミーティングの日程やアクションアイテムの確認

**❻ミーティングの終了と挨拶**

このアジェンダは、リアルなコミュニケーションのメリットを最大限に活かすことを目指しています。

事前に準備した個々のアイデアの発表から全体のディスカッション、そして共同作業まで、さまざまな形式のコミュニケーションが含まれています。

また、ミーティングの始めと終わりには、目的の確認や挨拶、次回のステップの確認など、全体のコミュニケーションの流れをスムーズにする要素も含まれています。

## オンラインで実施する場合

**❶開始（5分）**

・ミーティングの目的とアジェンダの確認

・参加者全員の挨拶
・必要なら、オンラインミーティングツールの操作についての簡単な説明

**❷個々のアイデア発表（50分）**

・各メンバーが自分のアイデアを5分で発表（これを5人分）
・毎回の発表後、他のメンバーからの質問やフィードバックを3分で行う

**❸休憩（10分）**

・オンラインミーティングでは長時間の集中力を必要とするため、適切な休憩を設けることが重要

**❹全体のディスカッション（30分）**

・提出されたアイデア全体を見渡し、共通のテーマや異なる視点を議論
・最も有望なアイデアを選出

**❺製品設計のスケッチ（20分）**

・選出されたアイデアを元に、初期の製品設計のスケッチを作成
・これは、全員で行うか、または一部のメンバーが描きながら他のメンバーからのフィードバックを得る形で行う
・オンラインの共有ホワイトボードツールを使用

**❻終了（15分）**

・スケッチのレビューとフィードバック
・次回のミーティングの日程やアクションアイテムの確認

**❼ミーティングの終了と挨拶**

**オンラインでは、一般的に一度に長時間の集中を維持するのが困難であるため、休憩時間を設けることが重要です。**

また、技術的な問題や通信遅延を考慮して、各セクションの時間を少し短く設定し、

これらの対応のためにバッファーを準備しておくことも有効です。そして、製品設計のスケッチは、オンラインの共有ホワイトボードツールを使用することで、全員が同時に参加することができます。

「リアル」と「オンライン」を比較してみると、アジェンダ自体はほとんど変わらないのに気づくのではないでしょうか。このように上手に実施できれば、オンラインミーティングでもかなりの成果を上げることが可能です。

## テキストで実施する場合

非同期コミュニケーションのテキストでは、時間と場所の制約が少ないため、多くの柔軟性があります。しかし、その一方で、情報が適切に伝わるように、そして全員が関与する機会があるように、計画と構造を設計することが重要です。

以下に、テキスト形式で「リアル」「オンライン」同様の製品開発チームのミーティングを行うための一例を示します。この例では、チームがSlackなどのチャットプラットフォームを使用していると仮定します。なお、通常はテキストでのやり取りはミーティングとは言いませんが、ここでは対比のためにあえてミーティングという言葉を使っています。

**❶開始**

チームリーダーが、ミーティングの目的、タイムライン、アクションアイテムを記述した開始メッセージを投稿します。

**❷個々のアイデア発表**

各メンバーは指定された期間（例えば24時間）で自分のアイデアをテキスト、画像、ビデオなどで投稿します。他のメンバーは、自分のペースで各アイデアをレビューし、フィードバックや質問を投稿します。

**❸全体のディスカッション**

チームリーダーが全体のディスカッションを進行し、最も有望なアイデアを選出します。これも指定された期間（例えば48時間）で行います。

### ❹製品設計のスケッチ

選出されたアイデアを元に、チームリーダーやデザイナーが製品設計のスケッチを作成します。スケッチはオンラインで共有し、他のメンバーからのフィードバックを得ます。

### ❺ミーティングの終了

チームリーダーがミーティングの終了メッセージを投稿し、次回のステップやアクションアイテムを確認します。

テキストでは、時間をまたいで情報の共有やディスカッションが行われるため、参加者それぞれのペースや時間帯で適切なフィードバックや深い議論が可能です。

しかし、それには、各ステップの明確な指示と納期、そして全員が関与する機会があるようにすることが重要です。

いかがでしょうか？

上手に設計すれば「テキスト」でも「リアル」「オンライン」と類似のことができそうなイメージが持てるのではないでしょうか。

テキストでコミュニケーションができると、何よりも上述の多様な人たちを対話に参加してもらうことが可能になります。

例えば介護、育児、地方勤務、郊外居住、海外居住、兼業者などです。**一般的に多様な意見がある方がイノベーションが起きやすくなります。**

ですので、この「テキストベース」での会議はとても有効なのです。

図24　3つのコミュニケーションによる製品開発

①リアル＝実際に会う

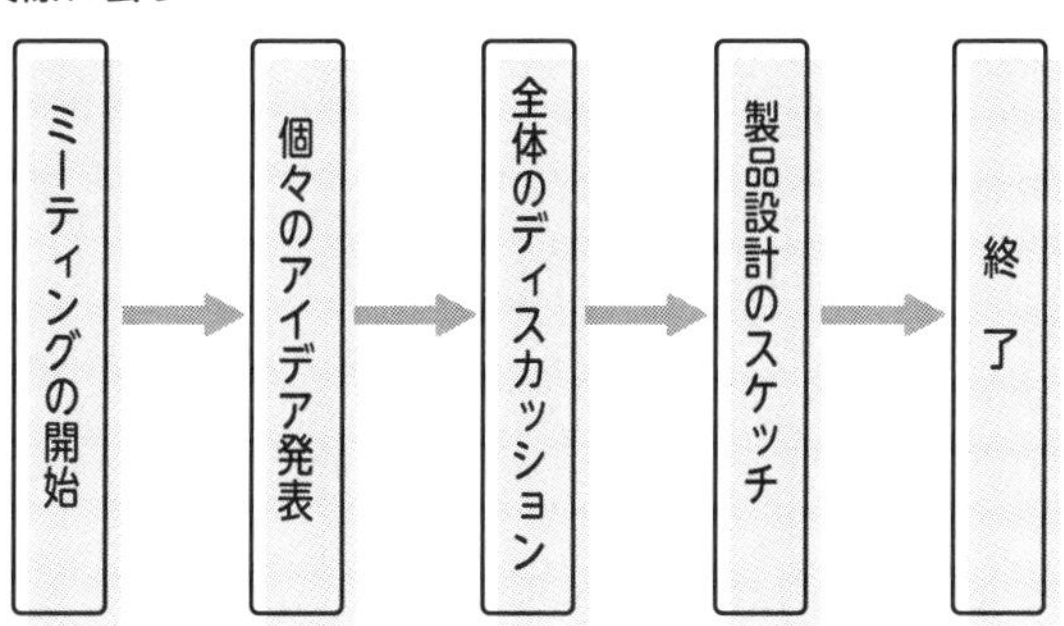


②オンライン＝ZOOMなどのツール（リアルよりも休憩が必要）

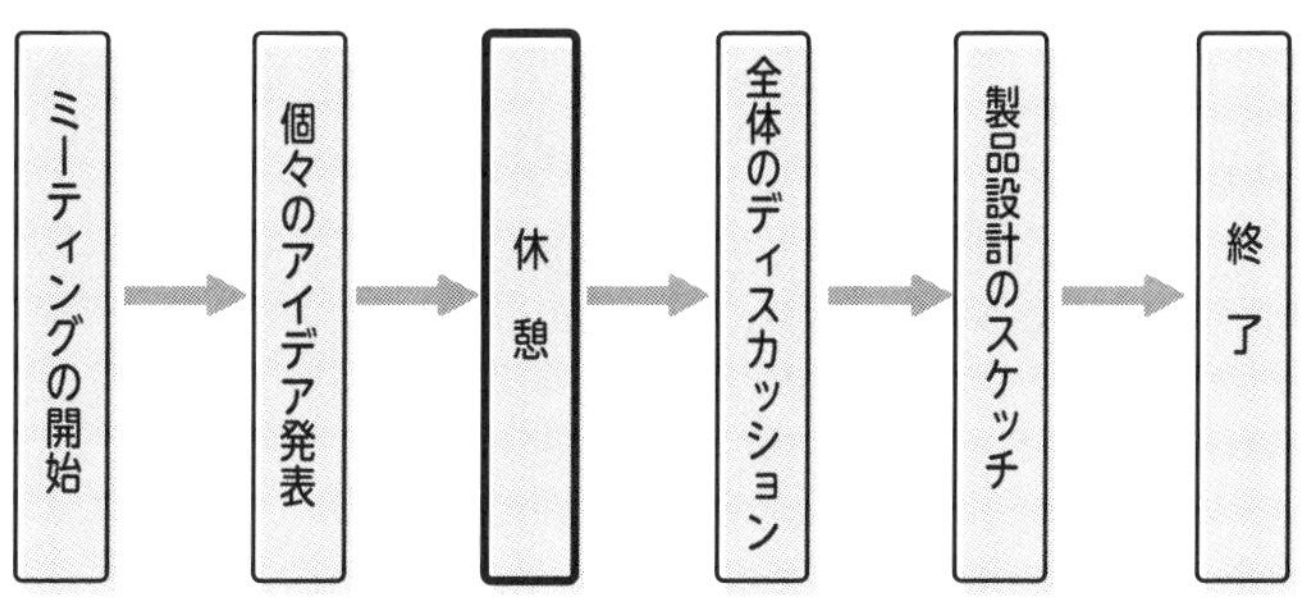


③テキスト＝チャットツール（①②よりも開始から終了まで時間が必要）

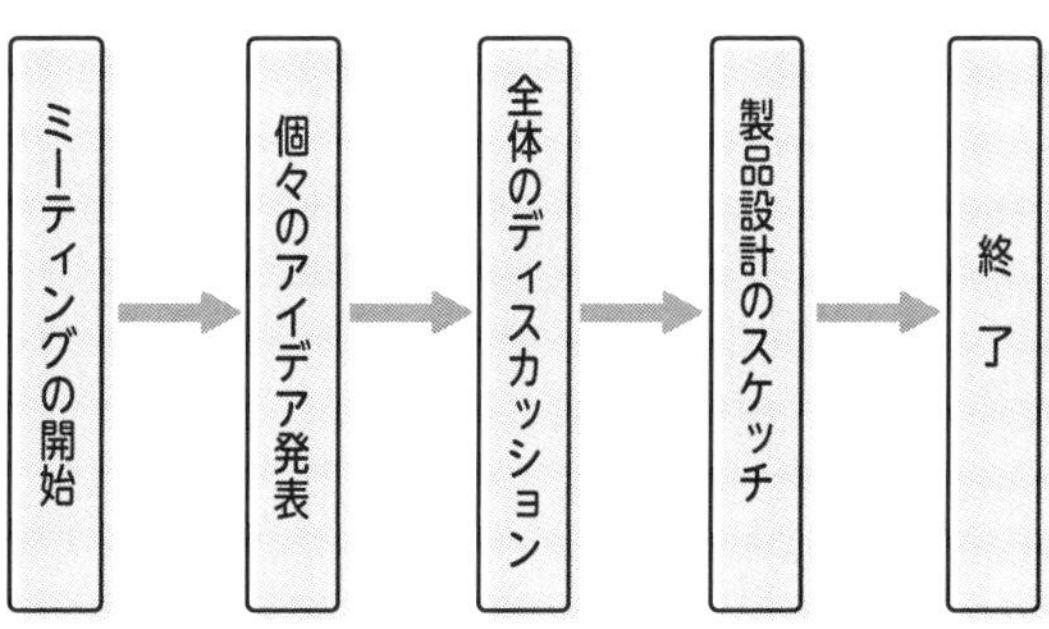

# どこまで会わずにできるのかを考えるのがコツ

①リアル、②オンライン、③テキストを組み合わせてコミュニケーションを設計する場合、できる限り「③テキスト」でできることはこれでやり、できないことは「②オンライン」で実施し、本当に「①リアル」でしかできない内容を、①でやると考えるのがポイントです。

つまり、**どこまで会わずにできるのかを考えるのがコツ**です。

## 「リアル」「オンライン」のどちらかを選ぶのはナンセンス

新型コロナの流行が収まった後には、リアルを中心に考える企業とオンラインを中心に考える企業に二分されたように感じています。

**しかし、序章で述べたように、コロナのような状況はまた繰り返すタイミングがやってきます。その時のためにも、今から③テキスト→②オンライン→①リアルで設計する習慣をつける必要があります。**

コロナのような感染症の再来についてもそうですが、①②③のハイブリッドは現代の多様な働き方に対しても非常に合理的で効率的な方法と言えます。

では、具体的に③テキスト→②オンライン→①リアルで設計を考える手順についてまとめておきましょう。

## テキストの優先利用

チャットツールを活用したテキストは、メンバー全員が同じ時間や場所にいる必要がないため、時間や場所の制約を大きく緩和します。また、これはメンバーが自分の都合に合わせて情報を活用し、作業を進めることを可能にします。

さらに、**まさに「テキスト」として情報が残るので、メンバー間の情報共有の透明性を保ち、必要な情報が一元的に管理されるため、必要な時に必要な情報を取得する**

**ことが容易になります。**

一度発言された内容は後からも確認可能であるため、情報の見落としや誤解を防ぐことができます。

## オンラインの次点利用

一方で、議論が必要な場合や、即時性が求められる状況では、テキストでは対応が難しい場合があります。そのような場合には、オンラインコミュニケーションが有効です。

**全員が同時にオンラインで参加することで、リアルタイムで情報を共有し、議論を進めることが可能です。**場所の制約は比較的少なく、メンバーが自宅や出張先から参加することも可能です。これにより、物理的な移動時間を省き、効率的な会議運営が可能になります。

## リアルは最終手段

それでも、全員が対面で会う必要がある場合もあります。

新しいプロジェクトのキックオフ、重要な決定を伴う大規模なミーティング、深い議論やブレインストーミングが必要な場合などです。

**リアルコミュニケーションは、ボディランゲージや微妙な表情など、非言語的な情報を共有することが可能で、それによって深い理解や共感を生み出すことができます。**

しかし、時間や場所の調整が必要で、移動時間も発生します。

以上のように、③テキスト→②オンライン→①リアルの順に優先的に利用することで、それぞれのコミュニケーション形式の利点を最大限に活かし、無駄な時間や手間を省き、プロジェクトの効率を最大化することが可能になります。

**最後に「現場を正しく把握する」という観点でいうと、③テキスト、②オンライン**

**に軍配が上がります。それは「現場の生の情報」が残るからです。**

テキストは、文字通りテキストが残ります。オンラインは、オンライン会議で容易に録画情報が残せます。もちろんリアルも録画は可能ですし、議事録やその簡易版の議事メモを残しているケースもありますが、手間とコストがかかります。

**経営者や、上司の上司が「現場を見る」場合には、③テキスト、②オンラインでコミュニケーションをしてくれた方がよいのです。**

新たにその組織に加わった異動者や新人などがいた場合についても、現場の生の情報が残っているのは、きわめて重要なインプットになります。

この観点からも**「③テキスト→②オンライン→①リアル」**の順で考えるのは有効なのです。

# 「リアル」「オンライン」「テキスト」を有効に組み合わせる

それでは、①リアル、②オンライン、③テキストの3つの方法を組み合わせて実施する場合を考えてみましょう。

これは、1つのコミュニケーション（1つの会議）ではなく、1つのプロジェクトを進める場合に有効です。

## プロジェクトの開始は「リアル」

プロジェクトの開始時には、全チームメンバーがリアルで集まり、プロジェクトのゴール、目的、目標、タイムライン、役割等を共有します。この時に、ビジョンや方向性を深く理解し、全員が同じ目標に向かって進むことを確認します。

## 日常的なコミュニケーションは「テキスト」

日常的なタスクのアップデートや情報共有には、Slackなどのテキストコミュニケーションツールを活用します。これにより、各メンバーが自分のペースで作業を進め、必要な情報を適切なタイミングで取得できます。

## 週次または月次のミーティングは「オンライン」

週次や月次のプロジェクト進捗(しんちょく)のミーティングでは、全メンバーがオンラインで集まります。この時に、各自のタスクの進捗状況、問題点、改善点などを共有し、全体の進捗を把握します。

図25　「リアル」「オンライン」「テキスト」を組み合わせる

プロジェクトの開始＝リアル

日常的なコミュニケーション＝テキスト

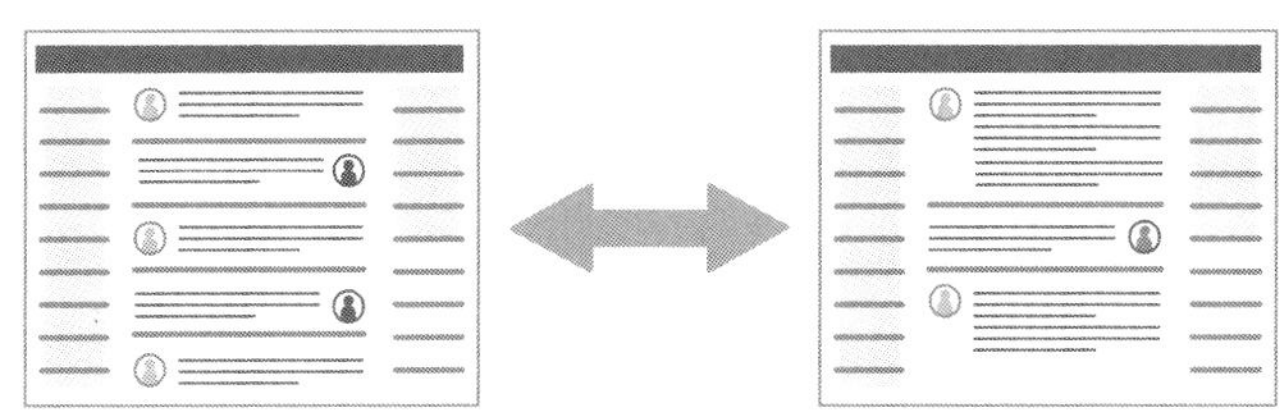

ミーティング＝オンライン

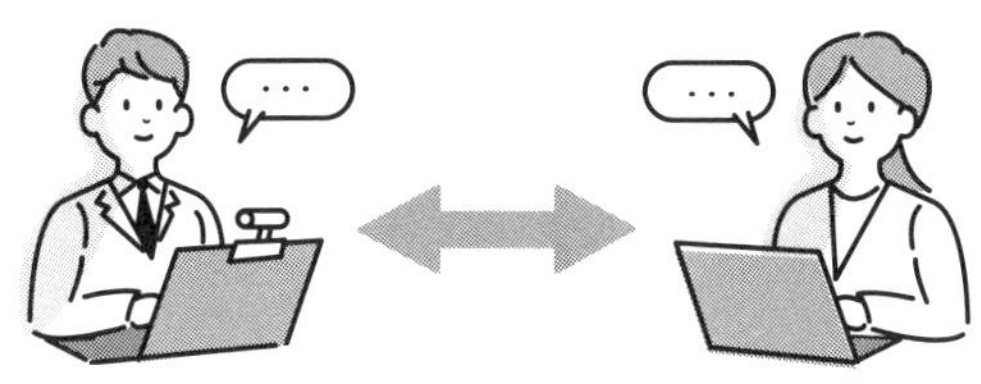


重要な決定やブレスト＝リアル

## 重要な決定やブレインストーミングは「リアル」

新たな方向性の設定、重要な決定を必要とする段階や、ブレインストーミングが必要な場合は、リアルでの集まりを設けます。対面でのコミュニケーションは、深い議論や新たなアイデアの創出に有効です。

このように、プロジェクトの設計では、これら3つの方法を効果的に組み合わせ、適切なタイミングで最適なコミュニケーション方法を選択することが重要です。

なお、すでに何度も仕事したことがあるメンバーが大半であるケース、あるいはオンラインでの仕事の仕方に習熟しているなど、メンバーの関係性によっては、「リアル」を「オンライン」で代替することも可能です。

# 第6章

# When

# いつ現場を見るのか？

# 第6章 まとめ

この章では、リーダーが配下のメンバーの状況を見る（現場を正しく把握する）頻度について考えてみます。

現代のリーダーは、さまざまなことを求められています。マネジメントに加えてプレイングマネジャーの役割を求められてもいます。ですので、現場を見るために使える時間、頻度も当然限られます。その際にポイントとなるのが、何のために現場を見るのか、つまり目的を明確にすることです。目的を明確にすることで、最小限の時間・頻度で最大の効果が得られます。

また、現場の情報を〝兆しの段階〟で情報収集することができれば、結果として最大の効果が得られる点についても触れています。

これらについて優秀なリーダーや上級管理職のケースと一般的なリーダーや上級管理職のケースを見ながら、どのように現場を見るのかを比較しつつ、効率的に現場を見る方法についてまとめていきます。

# 多忙なマネジャーにとって「現場を見る頻度」こそ悩ましい

リーダーが配下のメンバーの状況を見る（現場を正しく把握する）頻度について考えてみます。リーダーとしては、現場の状況を把握しなければいけないので、その頻度は、多ければ多いほどよいと考える人もいるかもしれません。

しかし、リーダーがやることは多岐に渡ります。しかも最近はマネジメントに加えて、自身もプレーヤーの役割を求められるリーダーも少なくありません。

ですので、現場を見るために使える時間、頻度も当然限られます。

**その際ポイントになるのが、何のために現場を見るのか、つまり目的を明確にすることです。目的を明確にすることで、最小限の時間・頻度で最大の効果が得られるのです。**

もちろん、現場を見る頻度は、リーダーの役割や現場の特性によって異なります。一般的には、定期的なルーティンチェックやスケジュールに基づく確認を行う一方で、状況に応じて臨機応変に現場を見ることも重要です。

例えば、生産現場では生産ラインの稼働状況や品質管理をするため、営業現場では顧客との接点やセールスプロセスの進捗を把握するため、適切な頻度で現場を見ることが求められます。

**ただし、ここで取り上げている「現場を見る」は、必ずしも物理的に現場に行くということだけを指しているのではありません。**

今まで取り上げてきた、３つのコミュニケーション（①リアル・②オンライン・③テキスト）を組み合わせて「現場を見る」ことを再度強調しておきましょう。

# 現場を見る頻度についての優秀なリーダーと一般的なリーダーの違い

そもそも、「現場を見る頻度」について考えると言っても、「頻度」をどう考えたらよいのか分からないという人が少なくありません。それは、「現場を見る」目的が不明確であることが1つの要因です。**ただ現場を見るだけでなく、「現場で見た」情報を使って何を判断するかを事前に考えておくことが必要なのです。**

また、前述した3つのコミュニケーションを組み合わせることも重要です。第5章で説明したように、「①リアル＞②オンライン＞③テキスト」の順でコストがかかるので、目的とコストを考慮して、最適なコミュニケーションを選ぶ必要があります。

ここで、配下のメンバーの状況を見る（現場を正しく把握する）頻度について、優秀なリーダーと一般的なリーダーの違いについて考えてみましょう。

ある製造会社の生産部門で、AさんとBさんという2人のリーダーがいます。

Aさんは優秀なリーダーであり、一方のBさんは一般的なリーダーです。

**Aさんは、現場に行かなくても入手できる情報をもとに事前に仮説を立てます。そして、その仮説が正しいのかどうかを「現場でしか得られない情報」で確認します。**

それも限られた時間と最小の労力で入手することで、最小頻度で実施しようとします。現場を見る観点としては次のようなものがあります。

## Aさんの観点❶成果やパフォーマンス

事前に、現場の生産量や品質データ、効率などの成果やパフォーマンス情報をチェックします。例えば、週次報告書などから生産計画の進捗、不良品の発生状況などを確認します。

事前にこれらの悪い兆し、よい兆しや情報の想定原因仮説を持って、現場のキーパーソンに確認します。仮説をもとに現場から報告書やデータに表れない定性情報などを入手することで、課題や改善の必要性を把握し、適切な対策を講じることができます。

## Aさんの観点❷チームの協力関係と雰囲気

現場の雰囲気やチームの協力関係にも注目します。

例えば定例会議に参加したり、昼休みなどのオフのメンバー同士や部下とのコミュニケーションの質や活発さ、意見交換や協力の度合いを観察します。ここから、チームの結束力やコラボレーションの問題点を把握し、必要なフォローアップを行います。

## Aさんの観点❸メンバーの成長とサポート

メンバーの成長やパフォーマンス向上も気にかけます。

現場に行く場合は、できる限りメンバーと対話をします。メンバーとの関係性を強化するのと同時に、メンバーのモチベーションやキャリアパスについても確認をし、必要に応じて成長を促進するための施策を考えます。

しかも、Aさんは、必ずしもこれらの情報を「リアル」だけで収集しているのではありません。例えば、「❶成果やパフォーマンス」についての大半の情報、あるいは「❷チームの協力関係と雰囲気」の一部の情報は「テキスト」で情報入手できます。**これらの情報から仮説を立ててリアルやオンラインをより有効な時間にしています。**

**結果として、最小頻度（あるいは時間）で最大効果を得ることができるのです。**

一方、Bさんは一般的なリーダーであり、**頻繁にリアルで現場を見るものの、明確な目的や観点を持っていません。**

Bさん自身は、現場とのコミュニケーションを重視しており、メンバーとの雑談や情報共有に時間を費やす傾向があります。ただし、**仮説がないので、その情報を的確に評価し、問題解決や意思決定につなげる能力に欠けています。**

**その結果、悪い兆しを見つけることができず、頻繁に問題が起きてしまいます。**現場からは、人気もあるのですが、うまく仕事が回りません。

以上の事例から、優秀なリーダーと一般的なリーダーの違いが明確になります。

優秀なリーダーは、限られた時間で現場から得られる情報を的確に評価し、問題解決や意思決定に活用する能力を持っています。そのためには、現場に行かなくても入手できる情報で仮説を立て、その仮説により現場へ行く明確な目的や観点を持ち、重要な情報にフォーカスしているのです。

## 優秀なリーダーの「現場を見る」ためのポイント

優秀なリーダーになるためのポイントは、以下のようにまとめられます。

**◎3つのコミュニケーション（①リアル・②オンライン・③テキスト）をうまく組み合わせる。**

**◎仮説によって現場とのコミュニケーションの目的を明確にし、具体的な観点を設定する。**

**◎限られた時間を有効に活用するため、重要な情報にだけフォーカスする。**

**◎現場とのコミュニケーションを通じて、仮説の精度を高め、問題やニーズを把握する。**

**◎フィードバックやフォローアップを行い、改善策やサポートを提供する。**

優秀なリーダーは、現場の状況を最小の労力で把握し、組織の成果向上やメンバーの成長に寄与します。明確な目的と判断基準を持ちながら、限られた時間を有効に使い、現場から得られる情報を的確に評価することが重要です。

## 上級管理職の場合

次に上級管理職（例えば執行役員や部長）が現場を見る場合を考えてみます。一般的に上級管理職は、現場の中間管理職を経て現場の情報を得ることになります。

リーダーのケースと同じく、優秀なA部長と一般的なB部長で比較して見てみましょう。現場を見る頻度という観点から説明します。

【A部長の現場訪問頻度】

A部長が、現場をリアルに訪れる頻度について、メンバーは、実際の頻度より多いように感じています。

**この「感じている」というのが重要です。**

A部長は、現場への情報発信を定期的にテキストなどで行うことで、実際の訪問頻度が多くなくても、メンバーとの心理的距離を近づけることに成功しています。その結果、フォーマル、インフォーマルな情報を入手することもできています。

もちろん、上述のリーダー同様、仮説立案し、限られた時間を有効に使い、重要な情報を把握するために現場訪問を行っていることは言うまでもありません。

【B部長の現場訪問頻度】

一方のB部長は、現場訪問を行うことに一定の重要性を認識しているのですが、忙しいために、リアルで訪問する頻度はそんなに多くありません。

B部長は忙しいスケジュールや他の業務に追われる中で現場の訪問を後回しにし、優先順位を低くしてしまうことがあります。

その結果、現場の状況やメンバーのニーズを的確に把握できず、適切なサポートや意思決定が遅れることがあります。加えて、現場メンバーからも「遠い人」だというイメージを持たれ、関係の質が低いので、重要な情報を入手できません。

**【A部長の判断基準】**

**A部長は、現場を見る際の判断基準を明確に持っています。**

A部長は現場からしか得られない情報を最小の労力で入手するために、具体的な目的や重要な指標にフォーカスします。例えば、本部のデータだけでは把握しづらい顧客の声、フィードバックなど、間接的に業績や顧客満足度に関わる情報を入手することに注力します。

これらにより、現場の課題だけではなく、自社のサービスや取扱商品についての改善点を把握し、戦略的な意思決定やサポートに繋げることができます。

**【B部長の判断基準】**

**B部長は、現場を見る際の判断基準が曖昧（あいまい）な場合が少なくありません。**

Ｂ部長は現場を訪れること自体を目的とし、具体的な判断基準や得たい情報が何かという仮説に欠けています。

そのため、現場に「リアル」で行っても、結果として重要かどうか分からない個別の業務の話に対応してしまう傾向があり、結果的に現場の課題やニーズを見落とすことがあります。

優秀な部長のポイントは、以下のようにまとめられます。

**◎仮説を立て、重要な情報を把握するために限られた時間を有効に使って、現場訪問の優先度を管理している。**
**◎具体的な目的や重要な情報にフォーカスして現場を見る。**
**◎現場の情報を的確に評価し、戦略的な意思決定やサポートに活用する。**

優秀な部長は、現場を見る頻度を適切に設定し、限られた時間を最大限に活用しながら、現場の情報を的確に評価し組織の成果向上に貢献しているのです。

# 兆しの段階で現場を捉える重要性

また、現場で何らかの判断をする際には、コトが起きてからではなく、起きる前の**「兆し」**の段階で把握しようとするのも重要です。

つまり、**タイミングが重要**なのです。

ある製造会社の工場現場において、優秀な工場長（部長）であるAさんと、一般的な工場長であるBさんがいるとします。

Aさんは優秀な工場長として、兆しの段階で情報を把握する際に以下のようなアプローチを取っています。

## 兆候（兆し）のモニタリング

Aさんは日々の生産データや品質指標を継続的にモニタリングし、兆候やトレンドの変化に敏感です。例えば、不良品率の微増や機械の異音の出現など、小さな兆候を早期に把握するように努めます。これにより、問題の発展を防ぐために適切な対策を講じることができるのです。

## 現場のコミュニケーションと観察

Aさんは現場の作業員や班長と積極的にコミュニケーションを取り、彼らの声や観察に耳を傾けます。現場のスタッフが直面している問題や改善の提案を受け止め、それらを兆しとして捉えます。

また、現場を観察することで、作業環境の変化や作業効率の低下など、兆しのサインをキャッチすることができます。現場メンバーには「兆し」の段階で**「気になるこ**

**とがあれば教えてほしい」**と伝えています。

## 問題解決と改善活動

Aさんは兆しの段階で問題を把握すると、現場のスタッフと協力して問題解決と改善活動に取り組みます。適切な分析、例えば根本原因解析（Root Cause Analysis）を行い、問題の原因を特定します。また、予防的なアクションプランを策定し、将来的な事故や品質トラブルの予防に努めます。

## 問題発生後の対応

一方、Bさんは一般的な工場長として、すでに起きた事実に対しての対応に重点を置いています。問題が発生した場合に関与し、直ちに対策を講じることに重点を置いているのです。

例えば、顧客クレームが発生した場合、品質不良が判明した場合などです。彼は迅速な対応と問題解決に力を入れますが、すでに事態が進行しているために「ヒト・モノ・カネ」の大量投入が必要なことが多いのです。

AさんとBさんを比較すると、Bさんはすでに起きた問題に対する解決策に焦点を当てる傾向があります。彼は問題の直接的な対処に注力することで、迅速な結果を求めます。

しかし、兆しの段階で問題を把握することを重要視していないので、将来的なリスクや持続的な改善に欠けることがあります。

一方、Aさんは、兆しの段階で情報を把握し、問題解決に取り組むアプローチをとっています。彼は日々の生産データや品質指標をモニタリングし、現場のスタッフとのコミュニケーションを通じて、小さな兆しや問題のサインを把握します。

**このようなアプローチにより、Aさんは問題が発生する前の段階で問題を把握し、解釈し、解決策を検討するための時間的余裕を持つことができます。**

**ヒヤリハットの法則（ハインリッヒの法則）から考えると、小さな兆しの先に大きな事象が起きる可能性があるため、兆しを効率的に把握することが重要です。**

Ａさんの事例では、兆しの段階で問題を把握することで、将来的なリスクや問題の発展を予防するための戦略的な対策を講じることができます。

これに対して、Ｂさんの事例では、すでに起きた問題に対する対策に焦点を当てており、予防的なアプローチが欠け、将来的なリスクや持続的な改善につながりにくくなってしまいます。

結論として、兆しの段階で情報を把握することは、問題解決のためにきわめて重要です。

# おわりに

最後までお付き合いいただき、ありがとうございます。

この本は、自律自転する人や組織を増やすために書きました。

「はじめに」で書いたように、自律自転する人や組織が増えると、職場で幸せを感じる人が増えると考えているからです。

それを実現するための技術を書きました。

1つでも「これをやってみよう」と思う内容があれば嬉しいです。

最後に、**自律自転を阻害する「部分最適」を予防し、「全体最適」になる方法**をおさらいしておきたいと思います。

企業は、効率的に運営するつもりで、企業を分割します。

例えば、組織を分割します。本社や本部と現場、営業組織と製造組織、営業1部、2部、1グループ、2グループなどなどです。

あるいは、階層に分割します。経営層、管理職、メンバー、正社員、契約社員、大卒、高卒などです。

そして、各組織のリーダーは、組織に付与されたミッションや目標を達成するために組織内のメンバーの結束力を高めようとします。

しかし、度が過ぎると、自組織のメンバーを鼓舞するために、あるいは無意識に他組織より優れていると考えだし、その結果、企業内部で不必要な競争が始まります。同時に、自組織と他組織を区別するために壁を作り出します。

こうなると、いわゆる**組織のサイロ化**と呼ばれる状況が生まれます。

例えば、組織を越えてコミュニケーションするには、リーダーを通してしかできないようになります。あるいは、役員に現場のトラブルを報告する場合も、管理職を通してしかできなくなります。その結果、組織間、階層の壁で、組織、階層を超えた現場でのコミュニケーションが断絶します。

組織間に加えて、階層間でも同様の断絶が起きると悲劇です。

階層という縦方向でも、組織間という横方向でも断絶が起こっているのです。

**企業の全体像を把握できている人が誰もいないのです。**

**これでは正しい判断などできるはずがありません。**

お互い状況が分からないので「部分最適」な判断があちこちで起こるようになります。そして、何か問題が起こると、組織間あるいは階層間での責任の押し付け合いが始まります。

**組織間であれば……「営業の問題だ」「製造の問題だ」**

**階層間であれば……「現場が動かない」「経営に戦略がない」「管理職が無能」**

このような「部分最適」な状態にあると、外部である顧客には意識が向かず、内部に意識が向くようになります。本来、企業内のメンバーは仲間のはずです。その仲間同士で内輪もめをしているのです。業績など上がるはずがありません。

このようなサイロ化やその結果としての内輪もめ。

多くの企業で、多かれ少なかれ起きているのではないでしょうか？

どうして多くの企業でこのようなことが起きるのか。

それは、企業を組織、階層に分割する際の反作用、すなわちサイロ化→断絶→部分最適な判断を防ぐ予防をしていないからです。この予防をすれば、部分最適な判断ではなく、全体最適な判断ができるようになるのです。

では、どのような予防をすればよいのでしょうか？

それは一言でいえば、**縦横の断絶をなくして、活発なコミュニケーションをすることです**。しかし、何でもかんでも情報をコミュニケーションすればよいわけではありません。それは非効率で、そんなことをしていたら、各階層も各組織も本来の業務をすることができません。

ではどのような情報を共有すればよいのでしょうか？

**最も重要な情報だけに絞って共有すればよいのです。**

最も重要な情報は、会社によって異なります。

しかし、一般化するとパーパスであり、ミッションであり、ビジョンであり、短期的にはその年の事業計画です。経営→管理職→現場メンバーという順番で、これを丁寧に伝える必要があるのです。

そして逆に、現場メンバー→管理職→経営には、これらを阻害するかもしれない現場の情報を伝える必要があります。

この縦方向の上下に情報が流れ続ければ、全体最適な判断ができるようになります。何が重要か現場が分かっているので、現場で判断ができる。

つまり自律自転する状況が作れるのです。

そして、横方向つまり組織間で何が大事なのかを考える方法の1つがＫＰＩマネジメントです。ＫＰＩマネジメントは単なる数値管理ではなく、組織間における部分最適を防ぎ、全体最適の判断をするための方法論なのです。

多くのリーダーは、メンバーが職場に来るのが楽しく、いい会社で働いていると思ってほしいと思っています。誰も、毎朝出社するのがつらいメンバーを作りたいなんて思っていません。

メンバーもそうです。できれば会社に行くのが楽しくて、充実した時間を過ごせればよいと思っています。

ぜひ、この本に記載した内容を実践いただき、一か所でも多くの幸せな職場を作る仲間になっていただければ幸いです。

最後に、今回もフォレスト出版の寺崎翼さんには適切なアドバイスをいただき感謝しています。また、株式会社ＣＯＥＯの大崎功一さん、中川純子さんには、校正に加えて内容への貴重なアドバイスもいただき、とても助かりました。

ありがとうございました。

中尾隆一郎

**【著者プロフィール】**

**中尾隆一郎（なかお・りゅういちろう）**

株式会社中尾マネジメント研究所（NMI）代表取締役社長
株式会社旅工房取締役。株式会社 LIFULL 取締役。株式会社 ZUU 取締役。東京電力フロンティアパートナーズ合同会社投資委員。LiNKX 株式会社監査役。

1964 年生まれ。大阪府摂津市出身。1989 年大阪大学大学院工学研究科修士課程修了。同年、株式会社リクルート入社。2018 年まで 29 年間同社勤務。2019 年 NMI 設立。NMI の業務内容は、①業績向上コンサルティング、②経営者塾(中尾塾)、③経営者メンター、④講演・ワークショップ、⑤書籍執筆・出版。専門は、事業執行、事業開発、マーケティング、人材採用、組織創り、KPI マネジメント、経営者育成、リーダー育成、OJT マネジメント、G-POP マネジメント、管理会計など。

著書に『最高の結果を出す KPI マネジメント』『最高の結果を出す KPI 実践ノート』『自分で考えて動く社員が育つ OJT マネジメント』『最高の成果を生み出すビジネススキル・プリンシプル』（フォレスト出版)、『「数字で考える」は武器になる』『1000 人のエリートを育てた 爆伸びマネジメント』（かんき出版）など多数。Business Insider Japan で「自律思考を鍛える」を連載中。

リクルート時代での 29 年間（1989 年 ~2018 年）では、主に住宅、テクノロジー、人材、ダイバーシティ、研究領域に従事。リクルートテクノロジーズ代表取締役社長、リクルート住まいカンパニー執行役員、リクルートワークス研究所副所長などを歴任。住宅領域の新規事業であるスーモカウンター推進室室長時代に、6 年間で売上を 30 倍、店舗数 12 倍、従業員数を 5 倍にした立役者。リクルートテクノロジーズ社長時代は、リクルートが掲げた「IT で勝つ」を、優秀な IT 人材の大量採用、早期活躍、低離職により実現。約 11 年間、リクルートグループの社内勉強会において「KPI」「数字の読み方」の講師を担当、人気講座となる。

**業績を最大化させる**
**現場が動くマネジメント**

2023 年 12 月 2 日　　初版発行

著　者　中尾隆一郎
発行者　太田　宏
発行所　フォレスト出版株式会社
〒 162-0824 東京都新宿区揚場町 2-18　白宝ビル 7F
電話　03 - 5229 - 5750（営業）
03 - 5229 - 5757（編集）
URL　http://www.forestpub.co.jp

印刷・製本　中央精版印刷株式会社


ISBN978-4-86680-238-1　Printed in Japan

『業績を最大化させる
現場が動くマネジメント』

ここでしか
手に入らない
貴重な
情報です

# 購入者限定
# 無料プレゼント

現場の状況を把握するための

## 書き込み式シート（EXCEL）

をプレゼント

本書で紹介した「G-POP®シート」「ロングミーティング」を
独自にアレンジして使用できるツールをご用意しました。
ぜひ、日々の業務にお役立てください。

## このプレゼントは本書をご購入いただいた読者限定の特典です。

※特典はWeb上で公開するものであり、小冊子・CD・DVDなどをお送りするものではありません。
※上記特別プレゼントのご提供は予告なく終了となる場合がございます。あらかじめご了承ください。

特別プレゼントを入手するにはこちらへアクセスしてください

https://frstp.jp/genba